わたしの正信偈

七高僧の道のり

玉木 興慈
Tamaki Koji

【目　次】

＊本書中の「正信偈」については、『日常勤行聖典』（本願寺出版社）を用いております。
＊聖教の引用については、『浄土真宗聖典（註釈版）第二版』は『註釈版聖典』、『浄土真宗聖典（七祖篇）註釈版』は『註釈版聖典（七祖篇）』と略記しております。

はじめに

ょうか？

七□八□

読者のみなさんは、「七□八□」と聞いて、二箇所の□に何という文字を入れるでし

暑い夏・夏休みを待ちこがれていた人は、七月八月とした方がおられるかもしれません。全国的には八月がお盆ですが、東京方面のお盆は七月に迎えるそうですから、お盆を頭にイメージされた方も七月八月とされたでしょうか。

七月八日が誕生日や、その他の記念日だという方もおられると思います。

四文字熟語を思い浮かべた方もおられると思います。たとえば、ころげまわって苦しみもだえることを七転八倒といいます。また、何度失敗しても屈せず、起ち上がって奮闘することは七転八起といいます。「ななころびやおき」ですね。「浄土和讃」に「七難《しちなん》消滅《しょうめつ》の誦文《じゅもん》」と言われる七難と、四苦八苦という八苦を用いて、七難八苦という言葉も

あります。ありとあらゆる苦しみを指す言葉ですね。

龍・天・曇・道・善・源・源

正信偈《しょうしんげ》は大きく前半と後半の二つに分けることができます。前半は依経段《えきょうだん》と呼ばれ、親鸞聖人《しんらんしょうにん》がもっとも大切になさった『仏説無量寿経《ぶっせつむりょうじゅきょう》（大経）』にもとづいて、阿弥陀《あみだ》さまの本願《ほんがん》を讃えられる部分です。「経《きょう》」に「依《よ》」りながら、本願を讃えられる一「段」ですので、依経段と呼ばれます。

正信偈の後半は依釈段《えしゃくだん》と呼ばれます。『大経』に説かれる阿弥陀さまのおこころを解「釈」された七高僧のお聖教に「依」りながら記される一「段」ということですね。

さて、これから一緒に依釈段を読み進めていきましょう。

釈尊《しゃくそん》が明らかにしてくださった阿弥陀さまのご本願のこころを、インド・中国・日本にわたって説き示してくださったお方として、親鸞聖人は七人の方々を数えておられます。インドでは龍樹《りゅうじゅ》菩薩《ぼさつ》と天親《てんじん》菩薩のお二人です。「印度西天《いんどさいてん》の論家《ろんげ》」がこのお二人です。中夏《ちゅうか》（中国）の高僧は、曇鸞大師《どんらんだいし》・道綽禅師《どうしゃくぜんじ》・善導大師《ぜんどうだいし》の三人です。日域《じちいき》（日本）の高僧は、源信和尚《げんしんかしょう》・源空《げんくう》（法然《ほうねん》）聖人《しょうにん》のお二人です。合わせて「七高僧《しちこうそう》」や「七祖《しちそ》」と呼ばれる方々です。浄土真宗のお寺のお内陣には、七高僧のお姿をお軸に見つけることができますね。

私は毎年、大学の講義で、七高僧について学生に紹介します。菩薩・大師などの尊称や、著されたお書物などを覚えてもらい、小テストをすることがあります。「龍・天・曇・道・善・源・源」と七高僧のそれぞれの頭文字をつなげて、順番を間違えないように覚えようと努力している学生もいます。もっとも、最後は「源・源」なので、結局はしっかりと覚えなければならないのですが……。

得道の人

「依経段」の最後に、「難中之難無過斯《なんちゅうしなんむかし》」とあります。「信」ということは、難しいことが多々ある中でも、最も難しいことだというのです。

ここで、正信偈からは少し離れますが、親鸞聖人の主著として知られる『顕浄土《けんじょうど》真実《しんじつ》教行証文類《きょうぎょうしょうもんるい》（教行信証《きょうぎょうしんしょう》）』に「欣求浄刹《ごんぐじょうせつ》の道俗《どうぞく》、深《ふか》く信不具足《しんふぐそく》の金言《きんげん》を了知《りょうち》し、永《なが》く聞不具足《もんふぐそく》の邪心《じゃしん》を離《はな》るべきなり」（『註釈版聖典』二四六頁）と説かれるように、お浄土に往生することを願うならば、「不充分な信じ方ではいけませんよ」「不完全な聞き方で満足しては駄目ですよ」とおっしゃっているのです。ここでは、「信不具足」について考えてみたいと思います。「こういう状態は不充分な信じ方ですね」「不充分な信じ方ではいけませんよ」と示してくださっているのです。

一《ひと》つには道《どう》ありと信《しん》ず、二《ふた》つには得者《とくしゃ》を信《しん》ず。この人《ひと》の信心《しんじん》、ただ道《どう》ありと信《しん》じて、すべて得道《とくどう》の人《ひと》ありと信《しん》ぜざらん。これを名《な》づけて信不具足《しんふぐそく》とす（『同』二三七頁）

というご文です。『教行信証（現代語版）』（二〇七頁）によれば、「一つには、ただ、さとりへの道があるとだけ信じるのであり、二つには、その道によってさとりを得た人がいると信じるのである。たださとりへの道があるとだけ信じて、さとりを得た人がいることを信じないのは、完全な信ではない」ということです。

たとえば、仕事や旅行などで初めての土地を訪れる時には、「どんな所なのかなぁ」「景色や匂いはどんなだろうなぁ」「おいしい食べ物はあるかなぁ」と何かウキウキとした気持ちと、「無事に着くことができるかなぁ」「場所がわかるかなぁ」「時間に間に合うかなぁ」という不安とがあります。

目的地に無事に着くためには、どうすればよいでしょうか？

最近は、スマートフォンなどで、自分の居場所から目的地までの道のりを瞬時に知ることができます。また、地図を買い求め、地図に示された道を歩めば、目的地に着くことはできるでしょう。

では、そのスマートフォンや地図が教えてくれている道を歩んでいる時に、もし私以外に誰も歩いている人がいなかったとすればどうでしょうか。

「この道で、大丈夫かなぁ」「地図が古くて、新しくできた道が載っていないのかもしれないなぁ」と不安な気持ちになってしまいます。「元に引き返して、誰かに道を尋ねた方がいいかなぁ」と考えるかもしれません。

けれども、道をよく知っている地元の方に案内してもらい、その方についていけば、何の不安もなく、安心して必ず目的地に到着できますね。

仏道においても同じなのです。

さとりへの道があるということを知っているだけでは充分ではないのです。さとりへの道を歩んでいる人、この道を歩んでさとりを得た人がいるということが、より大きな確かさになるのです。

親鸞聖人にとって、七高僧がまさに「得道の人」だったのです。

いつでも　どこでも　だれでも

七高僧は、インド・中国・日本という国や地域・時代が異なります。その七高僧が、みな揃って、阿弥陀さまのたてられたご本願は、私たちのためであることを明らかにしてくださっているのです。

また、お釈迦《しゃか》さまがこの世にお生まれになった本意は、この阿弥陀さまのご本願を、私たちにわかる言葉で示してくださったということです。

時代や国・地域によって思想の流行はありますが、時代や国・地域を越えて変わらない真理があります。お釈迦さまがお説きくださった阿弥陀さまのご本願は、インド・中国・日本の国や地域・時代を越えて、「いつでも、どこでも、だれでも」を目当てとしているご本願であると受けとめることができるでしょう。

はじめに「七□八□」についての質問をしました。親鸞聖人は、七高僧を讃えておられますが、「七」高僧に親鸞聖人を加えて、「八」人の方々を讃えていくことが、私たちのお念仏の道だとうかがいたいと思います。

七高僧

印度《いんど》西天《さいてん》之《し》論家《ろんげ》　中夏《ちゅうか》日域《じちいき》之《し》高僧《こうそう》
顕《けん》大聖《だいしょう》興世《こうせ》正意《しょうい》　明《みょう》如来《にょらい》本誓《ほんぜい》応機《おうき》

【書き下し】

印度西天《いんどさいてん》の論家《ろんげ》、中夏《ちゅうか》（中国）・日域《じちいき》（日本）の高僧《こうそう》、大聖《だいしょう》（釈尊）興世《こうせ》の正意《しょうい》を顕《あらわ》し、如来《にょらい》の本誓《ほんぜい》、機《き》に応《おう》ぜることを明《あ》かす。

（『註釈版聖典』二〇四頁）


【現代語訳】

インドの菩薩方や中国と日本の高僧方が、釈尊が世に出られた本意をあらわし、阿弥陀仏の本願はわたしたちのためにたてられたことを明らかにされた。

（『教行信証（現代語版）』一四六頁）

クーラーの効いたお部屋

関東地方では七月にお盆が営まれますが、全国的には八月が多いですね。

私たち浄土真宗のお盆は、ご先祖への追善供養ではありません。私たちよりも先に亡くなった方は、迷っている状態ではなく、既にお浄土に生まれ、さとりをひらかれ、仏さまになられている方々です。お盆を大切にする私たちは、お盆を通して仏さまとの対話を大切にしているということができます。仏さまとは、もちろん、阿弥陀さまというお仏さまであり、親しかった故人も仏さまということができます。

夏の暑さ真っ盛りの中、ご門徒宅に寄せていただくと、クーラーでヒンヤリと仏間を涼しくしていただいております。外から入ると、気持ちいいこと、この上ありません。けれども、ヒンヤリと涼しくしてくれている仏間でお勤めを始めても、なかなか汗が引きません。自転車をこいで来たせいでしょうか、原付バイクのヘルメットの熱気のせいでしょうか、お部屋は涼しいのに、なかなか汗が引かずに、申し訳ない思いがあります。

お経の最中に、ハンカチで汗を拭くわけにはいきませんし、玉の汗が噴き出している様子がご門徒にばれたら、どう思われるかなぁ……せっかく来てくれる一時間も前から部屋を涼しくしているのに、全然、甲斐がないなぁ。若さん、太り過ぎやから汗も人一倍かくんやろうなぁ。扇風機もかけてあげたいけど、ろうそくが消えても困るしなぁ……などと、ご門徒の心中をおもんぱかりながら、お勤めが進むことがあります。

お盆の読経の最中に、阿弥陀さまや故人のことを思うよりも、自身の額に噴き出る汗や、お部屋を涼しくしてくれていたご門徒のことが頭をよぎってしまうのです。

申し訳ないことですね。

御前・貴様

京都には「おんまえどおり」という通りの名があります。北野天満宮の前を通って南に延びる約七キロほどの通りの名です。「おんまえ」を漢字では「御前」と書きます。

御前は「ごぜん」「おまえ」とも読みます。御という漢字が示しているように、御前とは、仏神や貴い方の前を表します。また、目上の方を指す言葉ですから、年少者が年長者を呼ぶ時に、「おまえ」と使っても間違った使い方とは言えません。けれども、もし私が、大学で教えている学生から「おまえ」と呼ばれると、どことなく違和感を覚えるでしょう。「おまえ」とは最近は、同等、あるいは目下を指して呼ぶことが多いからです。時代が変われば、本来の使い方とは異なって使われることがあるということです。

貴様という言葉も同じです。漢字を見れば、貴いようですが、音を聞くと、「きさま」です。教え子から「きさま」と呼ばれると、けんかをする直前のような気がします。手元の辞書によれば、近世中期までは目上の相手に対する敬称でしたが、それ以後は、同輩や同輩以下に対して用い、相手をののしっていう語ともなると示されます。

時代が異なると、また地域が異なると、言葉の意味もさまざまに異なるよい例です。

龍谷大学の歌

小学校や中学校・高等学校などでは、入学して間もない頃に「校歌」を習いますね。

音楽の授業で習ったお陰でしょうか、また何かの行事のたびに大きな声で歌ったからでしょうか、小学校を卒業して四十年以上が経ちますが、時折、小学校から流れてくる校歌を聴くと、歌詞のほとんどを口ずさむことができます。

私の勤める龍谷大学にも「学歌」や「逍遥《しょうよう》の歌」「応援歌」などがあります。入学式や卒業式、その他の式典などでは、学歌の他に「真宗《しんしゅう》宗歌《しゅうか》」や「恩徳讃《おんどくさん》」なども歌われます。けれども、大学では学歌などを学生たちに教える音楽の時間がないために、学歌を知らずに、というと語弊がありますが、学歌を大きな声で歌うことなく、卒業をしていく学生が大勢いるようです。

ここでは、龍谷大学の学歌から、考えてみたいと思います。学歌は山田耕筰による作曲で昭和八年に制定されたそうです。その一番の歌詞をあげておきましょう。ちなみに、龍谷大学のホームページから聴くこともできます。

永久《とわ》に揺がぬ　みのり聞き

寄する思想の　波しずめ
久遠の光　まどかなる
真理の大樹《おおき》　栄ゆけば
見よ黎明の　空澄みて
吾等が学府　光輝あれ

さて、歌詞にある「永久に揺がぬ　みのり聞き」「寄する思想の　波しずめ」という言葉に注目したいと思います。

おみのりとは阿弥陀さまのご本願のことですね。最初の句は、永遠に揺らぐことがない阿弥陀さまのご本願を、大切に、しずかに聞きましょう、ということです。

また、時代によって、さまざまな思想の流行はあります。「思想」というほど大袈裟なことではありませんが、学生が私に対して、「ねぇねぇ」「あのねぇ」などと親しげに話しかけてくることがあります。親しみを持ってくれていることには喜びを感じながらも、目上・年上の人に対する言葉が、かつてよりも乱れていると感じるのは私だけではないと思います。また、目上・年上の人から話を聞く時には、帽子を脱ぐのが当たり前だという感覚が、すべての若者に浸透しているとはいえないように思います。

時代の感覚・思想は、まさに時代によってさまざまに異なります。その波が弱く、時には強く、押し寄せてきても、その波をつつみ、沈めることが、永久に揺るがないおみのり、つまり阿弥陀さまのご本願なのですね。

三番にも、同じような歌詞があります。

世運《せうん》の流れ　遷るとも
正法萬古《しょうぼうばんこ》　変わりなし

世の中は移り変わるけれども、正しい教えは変わることはないというのです。

お釈迦さまは二千五百年ほど前にインドにお生まれになり、八十年のご生涯を過ごされました。親鸞聖人は平安時代の末に生まれ、九十年のご生涯を過ごされました。お釈迦さまと親鸞聖人の間に、七人の高僧がおられますが、インド・中国・日本という国・地域はもちろん、時代も大きく隔たった七人です。けれども、阿弥陀さまのご本願は、いつの時代にいる人も、どこにいる人も、どんな人をも、救いの対象とされるのです。

言葉を換えて言うならば、人間とは、いつの時代も、どこにいる人も、誰でも、さほど変わらない存在であるということかもしれません。大切な阿弥陀さまの前に座らせていただいている時にも、阿弥陀さまをないがしろにして、その他のことに気を取られてしまうような私たちなのですね。

人として生まれて、人として亡くなっていく。その生死を超える道、「生死出《しょうじい》づべき道《みち》」を、阿弥陀さまのご本願に聞かせていただかなければなりません。

七高僧の書物やお言葉を手掛かりに、まずは龍樹菩薩に学ばせていただきましょう。

龍樹菩薩（1）

釈《しゃ》迦《か》如《にょ》来《らい》楞《りょう》伽《が》山《せん》　為《い》衆《しゅ》告《ごう》命《みょう》南《なん》天《てん》竺《じく》

龍《りゅう》樹《じゅ》大《だい》士《じ》出《しゅっ》於《と》世《せ》　悉《しつ》能《のう》摧《ざい》破《は》有《う》無《む》見《けん》

宣《せん》説《ぜつ》大《だい》乗《じょう》無《む》上《じょう》法《ほう》　証《しょう》歓《かん》喜《ぎ》地《じ》生《しょう》安《あん》楽《らく》

【書き下し】

釈迦如来《しゃかにょらい》、楞伽山《りょうがせん》にして、衆《しゅう》のために告命《ごうみょう》したまはく、

南天竺《なんてんじく》（南印度）に龍樹大士《りゅうじゅだいじ》世《よ》に出《い》でて、ことごとくよく有無《うむ》の見《けん》を摧破《さいは》せん。

大乗無上《だいじょうむじょう》の法《ほう》を宣説《せんぜつ》し、歓喜地《かんぎじ》を証《しょう》して安楽《あんらく》に生《しょう》ぜんと。

（『註釈版聖典』二〇四頁）

【現代語訳】

釈尊は楞伽山で大衆に、「南インドに龍樹菩薩が現れて、有無の邪見をすべて打ち破り、尊い大乗の法を説き、歓喜地の位に至って、阿弥陀仏の浄土に往生するだろう」と仰せになった。

（『教行信証（現代語版）』一四六頁）

一、お釈迦さまと龍樹菩薩

授業・講義とテスト

最近では、エアコンが教室に設置されるにしたがい、八月後半・下旬から学校が始まり、夏休みが短くなってきたようです。

私の勤めている龍谷大学では、夏休み前に前期のテストがありますが、学生はその成績を九月になってから知ることになります。多くの学生は、テストを受けた時の予想と大きくは違わない点数を見て、自分で納得したり、悔しがったり、反省や後悔をしたりします。

ここでは、テストの採点をする先生の立場から、少し書かせていただきます。

学生からすれば、「テストは、先生に試されているようで、どうしても緊張します」「テストを受ける僕たち学生はしんどい思いをするけれども、採点をする先生は気楽でいいなぁ」と思っているかもしれませんが、決して気楽なことはありません。半年や一年、ある一定期間、講義をした内容が、どの程度、正しく伝わったかがわかるからです。

覚えてほしい言葉やその意味などを尋ねる問題は、短い言葉で答えてもらいます。また、まとまった教えや思想などは、まとまった文章で答えてもらいます。テストの枚数が多くなれば、採点をすることも大変になりますが、読みやすいきれいな文字で書かれた素晴らしい内容の答案に、まれに出あうことがあります。講義の内容を的確に理解し、それを自分の言葉で表現しようとする努力もうかがうことができると、スカッとした気持ちで採点を続けることができます。

しかし、逆のケースもあります。「私の話を聞いて、どうしてこのような受けとめ方になるのかな」と、学生の理解不足を嘆く気持ちや、「学生の理解力も乏しかったかもしれないけれども、そこを初めからくみ取って、きちんと伝わるように話の工夫ができなかったなあ」と、自分の未熟さを痛感する気持ちがわき起こってくることがあります。

龍樹大士とお釈迦さまの予言

七高僧のお言葉を通して阿弥陀仏の本願を学んでまいりましょう。

お一人目は、南インド出身の龍樹菩薩です。「龍樹大士《りゅうじゅだいじ》出於世《しゅっとせ》」の「大士」とは、賢者や立派な方、偉大な勝れた方を意味し、菩薩さまのことです。龍樹とは、サンスクリット語のナーガルジュナ（Nāgārjuna）を意訳した語で、龍勝とも意訳されます。龍樹菩薩は、西暦およそ一五〇年から二五〇年頃に活躍されたという説が有力で、お釈迦さまが亡くなられてから六百年ほど後のお方です。

龍樹菩薩は、私たち浄土真宗の七高僧の第一祖であるだけではなく、古来、「八宗の祖」といわれます。多くの宗派でも大切にされている偉大な方です。

『入楞伽経《にゅうりょうがきょう》』という経典によれば、楞伽山《りょうがせん》で説法をされていた釈尊が、多くの聴衆に向かい、「南インドに龍樹菩薩が現れて、有無の邪見をすべて打ち破り、尊い大乗の法を説き……」と予言をされたと示されます。

このことは、「高僧和讃」の龍樹讃でも次のように示されます。

南天竺《なんてんじく》に比丘《びく》あらん
龍樹《りゅうじゅ》菩薩《ぼさつ》となづくべし
有無《うむ》の邪見《じゃけん》を破《は》すべしと
世尊《せそん》はかねてときたまふ

（『註釈版聖典』五七八頁）

『入楞伽経』は、五世紀頃の成立とされていますから、龍樹菩薩より後に成立した経典です。けれども、親鸞聖人は、世尊《せそん》（お釈迦さま）が、「かねて」説いておられたと受けとめておられるのです。

お釈迦さまと龍樹菩薩。お二人の間には、六百年ほどの隔たりがあります。また、インドの北東部で活動・伝道をされたお釈迦さまと、南インドの龍樹菩薩です。しかし、六百年の時間の隔たりや、インドの南北の隔たりを超えて、お二人が、阿弥陀仏の本願を正しく受けとめ、正しく語り、正しく他に伝えるお二人であるということを、大切に学ばせていただくべきであると思います。

お釈迦さまの出世本懐、つまり、お釈迦さまが私たちの生きるこの世に私たちと同じ人としてお生まれになった理由、懐深くにある本当の思いは、五濁悪時に生きる私たちのために、阿弥陀さまのご本願を説くことであると述べられていました。そのお釈迦さまの言葉、阿弥陀さまのご本願を信じましょうと勧められるご文が、

如《にょ》来《らい》所《しょ》以《い》興《こう》出《しゅっ》世《せ》　唯《ゆい》説《せつ》弥《み》陀《だ》本《ほん》願《がん》海《かい》

五《ご》濁《じょく》悪《あく》時《じ》群《ぐん》生《じょう》海《かい》　応《おう》信《しん》如《にょ》来《らい》如《にょ》実《じつ》言《ごん》

の四句ですね。しかし、この「信」ということ、如来如実の言を信ずるということは、煩悩にまみれたわたしたちには何と難しいことかということが、依経段の最後に記されていました。

弥《み》陀《だ》仏《ぶつ》本《ほん》願《がん》念《ねん》仏《ぶつ》　邪《じゃ》見《けん》憍《きょう》慢《まん》悪《なく》衆《しゅ》生《じょう》
信《しん》楽《ぎょう》受《じゅ》持《じ》甚《じん》以《に》難《なん》　難《なん》中《ちゅう》之《し》難《なん》無《む》過《か》斯《し》

というご文ですね。阿弥陀さまのご本願をその如くに「信」じることは「難中の難」であると示されますが、正しく受けとめられたお方が、龍樹菩薩なのです。

「有無の邪見をすべて打ち破り、尊い大乗の法を説き、歓喜地《かんぎじ》の位に至って、阿弥陀仏の浄土に往生するだろう」というお釈迦さまの仰せ（予言）は、阿弥陀さまのご本願・お念仏の教え（法）が、時代と地域を超えて龍樹菩薩に大切に伝わり、龍樹菩薩によって語られるということなのです。

二、人間の迷いのあり方とは

眼鏡かけてた？

西本願寺から出ている月刊誌「大乗」に連載中には、恥ずかしながら、私の顔写真が毎号載せられていました。連載が始まる時に、悩んで選んだ写真です。少しでもマシに見てもらいたかったからです。その効果があったかなかったかはわかりませんが……。

写真を選ぶ時に、眼鏡をかけた写真と眼鏡を外した写真のどちらにしようか、最後まで悩みました。連載が始まる頃は、コンタクトレンズと眼鏡を併用していたからです。

初めて眼鏡をかけて、ご門徒のお宅に上がって挨拶をすると、私の顔を見て、多くのご門徒から、「アレッ、若さん、眼鏡かけてた？」と言われたのです。

「実は先月までコンタクトだったのです」と話をすると、「眼鏡も似合いますね」「何だか別の人みたいやな」などと反応はさまざまでした。

その後、数カ月は両方を併用していたこともあり、「今日は眼鏡ですね」とか「今日は眼鏡じゃなくてコンタクトですか」という声をかけていただきました。いずれにしろ、先月のことを覚えていただいて、関心を持っていただけることはうれしいことです。

有無の邪見

では、「悉能摧破有無見《しつのうざいはうむけん》」についてお話しをしましょう。冒頭の現代語訳では「南インドに龍樹菩薩が現れて、有無の邪見をすべて打ち破り」と示されています。

正信偈を仏前で読む時には、続いてご和讃を六首読むことが多いですね。その時に、次のご和讃を読んでいる方もたくさんおられると思います。

解脱《げだつ》の光輪《こうりん》きはもなし
光触《こうそく》かぶるものはみな
有無《うむ》をはなるとのべたまふ

平等覚《びょうどうかく》に帰命《きみょう》せよ

（『註釈版聖典』五五七頁）

このご和讃にも記されている「有無」を、現代語訳では「邪見」と示されています。邪見とは、『浄土真宗辞典』（三〇〇頁）によれば、「よこしまな見解、誤った考え。広い意味で仏教に背くすべての邪悪な思想のことで、とくに因果の道理を否定する考えを指すことが多い」ということです。

この邪見をうちやぶり、邪見をはなれることが、正信偈や浄土和讃で述べられているのです。

黒田覚忍《くろだかくにん》先生は、『聖典セミナー「浄土和讃」』（本願寺出版社、二九頁）で、「有無とは、私たちの迷いのあり方」であり、「有に執着する有見《うけん》と、無に執着する無見《むけん》とを合わせた言葉」で、「いずれか一方に執着するかたよったものの見方」と説明しておられます。

有見と無見については、私たちの死後に関して説明されることもあります。私たちは、いつ、どのように死を迎えるかはわかりませんが、必ず迎えなければならないことは確かなことです。

有見とは、この世の命を終えた後に、何かしらのものが残るという考え方です。火葬によって身体は滅びますが、たましい（霊魂）と呼ぶようなものがいついつまでも残るという考え方です。霊魂を粗末にすると死者の怒りを呼び、祟りがおこると考えて、霊魂を丁重に迎えようとしたり、丁寧に仏事を執り行わねばならないと考えたりします。このような考えは、霊魂が存在することを前提にしているということができます。

仏事を大切に執り行うことは尊いことですが、死者（故人）の祟りや怒りを恐れ、それを鎮めるためではありませんね。阿弥陀さまのご本願によって、故人は既に仏さまになっておられますから、祟りや怒りを鎮める追善供養の必要はありません。

では無見とは、どのような考え方でしょうか。無見とは、有見の逆に、人は死ねば何もなくなるという考え方です。以前、「人は死ねば灰になる」「人は死ねばゴミになる」という言葉を聞いたことがあります。これは、生きている時がすべてで、生きている時が終わると、その時点ですべてが終わるという考え方です。死後の世界は見えない世界ですから、見えない世界を信じないということが現代（人）の一つの特徴といわれることがあります。

けれども、私たちが自分のＬｉｆｅ（いのち・生活・人生）を生きて、それがある場面でブチッと切れてしまうことは、因果の道理に反すると言わなければなりません。それぞれに〝いのち〟の長短はあり、〝いのち〟のある時点では煩悩が消えることはないために、煩悩の衆生としての〝いのち〟としか言いようがありません。いつ閉じなければならないかわからない〝いのち〟を終えた時に、阿弥陀仏の浄土に往生し、そのまま仏さまにならせていただくことを、親鸞聖人は私たちに示してくださっています。決して、ゴミや灰になったり、何もなくなるのではなく、仏さまにならせていただくのです。

少し堅い話になりましたが、有見にとらわれたり、無見にとらわれたりすることを、有無の邪見といい、それが「人間の迷いのあり方」ということができるでしょう。

有無に憂える

親鸞聖人がもっとも大切にされた『仏説無量寿経』に、次のようなご文があります。

「田《た》あれば田《た》に憂《うれ》へ、宅《いえ》あれば宅《いえ》に憂《うれ》ふ」

「田《た》なければ、また憂《うれ》へて田《た》あらんことを欲《おも》ふ。宅《いえ》なければまた憂《うれ》へて宅《いえ》あらんことを欲《おも》ふ」

（『同』五四、五五頁）

田や宅とは、直接的には、土地や家屋などの財産を指しますが、衣食住の三つの要素・財産と考えることもできるでしょう。多くの財産を持たないものは、少しでもその財産を増やすことに心身を悩ませます。

では多くの財産を持つものは、心身の疲労はないのでしょうか。そうではありませんね。さらに増やしたいと躍起になることもあるでしょう。また、手元の財産を失いたくない、奪われたくないと必死になることもあるでしょう。

有無にとらわれることのむなしさを表すご文だといえるでしょう。有無にとらわれた邪見をはなれ、龍樹菩薩が宣説された大乗無上の法こそが、私たちが心身をかけて学ぶべきことがらであるということですね。

三、たゆまぬ努力

継続は力なり

八十代のご夫婦のご門徒宅に寄せていただいた時のことです。つい最近までプールに毎日泳ぎに行くほどお元気で、「平気で一、二時間は正座できますよ。若さんも運動して痩せないと正座がつらいでしょう」とおっしゃるほど、足腰も丈夫だったご主人が、自転車で転んで以来、急に弱々しくなられました。連れ合いの方にうかがうと、介護も近々始まるとのことでした。

思えば、ご門徒宅に寄せていただくと、私の両親（七十代と八十代）と同年配の方が多くいらっしゃいますが、読経の後にお茶をいただきながら話す話題は、ご自身の病気のこと、連れ合いの介護の話題になることが急に増えてきました。あるお宅では、週に二日、ヘルパーさんが来られ、身体を動かしたり、リハビリをしてくださるそうです。ヘルパーさんが来られる時は一生懸命に身体を動かされるそうですが、ヘルパーさんの来られない五日間はほとんど身体を動かすことがなく、元気な連れ合いの方はイライラやきもきしておられました。

なるほど、身体を動かすのがつらくなってきているから、ヘルパーさんにリハビリをしていただくのでしょうが、ヘルパーさんの来られない時にも、つらいでしょうが、意識して身体を動かす方が本当はいいんだろうなぁと思いながら、私自身の大学生の頃のことを思い出しました。

高校の時の先生の紹介で、家庭教師をしたことがあります。その時は週に二日、二時間ずつ高校生の勉強を見ていました。教え方がうまくなかったからでしょう、その生徒の成績が思うように伸びずに、高校の先生のところに相談とお詫びにうかがいました。先生は「週に二日、合わせて四時間、玉木くんが勉強を教えたからといって伸びるわけないからね。玉木くんが教えたことを、○○君が自分でどれだけやるかが大事なんよ。生徒が自分で継続して勉強する〝癖〟〝習慣〟をつけさせてあげることが大事」と明快にこたえてくださいました。その通りですね。コツコツと自分で続けて勉強することが、何より大切なんですね。「継続は力なり」です。

勉強においても、リハビリなどの運動、激しいスポーツなどにおいても、また、仏道においても、同じことが言えそうです。

歓喜地の位

仏道を歩み始め、仏になるまでの段階に、五十二の段階があるとされます。最初の一歩は、初信《しょしん》といわれ、続いて、二信・三信と続き、その後、十信まで段階を踏めば、一つの区切りになります。第一の初信から順に階段を上がるように、日々努力を重ね、学問や修行に精進すれば、次・次へと進むことができます。

初信から十信までの十の段階を進めば、次の十の段階は、十住《じゅうじゅう》といわれます。初住・二住から十住まで十の段階があり、次には、初行《しょぎょう》・二行から十行までの十の段階、初回向・二回向から十回向までの十の段階、初地《しょじ》・二地から十地までの十の段階があります。

初信から十地まで進めば、五十の段階を進んだことになります。五十二番目が妙覚《みょうがく》といわれるさとりの境地で、この段階が仏さまになるということです。その一歩手前の五十一番目の段階が等覚《とうがく》です。等覚とは、妙「覚」に「等」しいという意味ですから、仏さまのさとりに似ているけれども、さとりとはいえない状態です。さとりとはいえないけれども、さとりに等しいということができる状態が等覚です。

正信偈の初めのあたりに「成等覚証大涅槃《じょうとうがくしょうだいねはん》」というご文がありました。「等覚《とうがく》を成《な》り大涅槃《だいねはん》を証《しょう》する」という「等覚」ですね。現代語訳では「正定聚《しょうじょうじゅ》の位につき、浄土に往生してさとりを開くことができる」とされていました。

仏道を歩み始め、一歩一歩、歩を進め、全部で五十二段階があると話しましたが、五十二の段階の中、初地という段階に注目をすることができます。初地は第一歩目の初信から数えれば四十一番目の段階ですが、この段階に注目することができるのは、初地が不退転《ふたいてん》の位とも呼ばれるからです。この位までたどり着けば、もはや退転しないということです。

逆にいえば、四十番目の段階までたどり着いても、そこで努力を怠《おこた》り怠《なま》けてしまえば、コロコロッと転げ落ち、スタート地点に退いてしまうということです。厳しいですね。

この四十一番目の初地まで精進・努力を重ねてきた者は、「必」ず最後のゴール（目標）である妙覚まで到達できることが「定」まっているので、初地の位は「必定」ともいわれます。今回のご文の直後に「自然即時入必定《じねんそくじにゅうひつじょう》」とある「必定」です。必定とは、もはや怠けようという心も起こらないから、転げ退くことはないので、歓喜《かんぎ》（よろこび）の状態、歓喜の段階ともいうことができます。初地とは不退転・必定・歓喜地ですから、注目することができるのです。

親鸞聖人は、「高僧和讃」の中で、次のように龍樹菩薩を讃えておられます。

本《ほん》師《し》龍《りゅう》樹《じゅ》菩《ぼ》薩《さつ》は
大乗無上《だいじょうむじょう》の法《ほう》をとき
歓喜地《かんぎじ》を証《しょう》してぞ
ひとへに念仏《ねんぶつ》すすめける
（『註釈版聖典』五七八頁）

この「歓喜地」の左に、親鸞聖人は「クワンギヂハシヤウヂヤウジユノクラヰナリ」という細かな説明（左訓）を施しておられます。漢字で表せば、「歓喜地は正定聚の位なり」となります。五十二の段階でいえば、妙覚の位に正しく定まる仲間（聚）に入るということですね。私たち浄土真宗でいうならば、阿弥陀仏のお浄土に往生させていただき、仏さまにならせていただくことが、間違いなく定まるということです。

長い道のりと精進努力

初めに「継続は力なり」と話しました。これは、勉強においても、リハビリなどの運動や激しいスポーツ、また仏道においても、同じことがいえそうだとも記しました。

日頃からたゆまぬ努力を重ねている人には大いに尊敬の念が掛けられます。

この原稿を書いていた当時（二〇一五年秋）は、ラグビーのワールドカップがイングランドで開催され、日本代表チームがこれまでにないすぐれた結果を残しました。日頃の厳しい練習の成果だと称讃の嵐でした。

またノーベル賞に選ばれたある先生は、いつでも思い付いたことを記すことができるように、日頃から絶えずペンとメモ用紙を離さずに持っていたと言われます。

日々のたゆまぬ努力の結果が、素晴らしい成果に結びついたことに称讃の拍手、尊敬の思いが浴びせられるのですね。

龍樹菩薩は、初地・歓喜地に到達することについて、難行道《なんぎょうどう》と易行道《いぎょう》という二つの道があると説かれています。

龍樹菩薩（2）

顕示《けんじ》難行《なんぎょう》陸路《ろくろ》苦《く》　信楽《しんぎょう》易行《いぎょう》水道《しいどう》楽《らく》

【書き下し】

難行《なんぎょう》の陸路《ろくろ》、苦《くる》しきことを顕示《けんじ》して、易行《いぎょう》の水道《すいどう》、楽《たの》しきことを信楽《しんぎょう》せしむ。

（『註釈版聖典』二〇五頁）

【現代語訳】

龍樹菩薩は、難行道は苦しい陸路のようであると示し、易行道は楽しい船旅のようであるとお勧めになる。

（『教行信証（現代語版）』一四七頁）

浄土真宗はあまい？

龍谷大学では、すべての新入生を対象に、必修科目として「仏教の思想」という講義があります。私もほぼ毎年、この講義を担当し、お釈迦さまのご生涯やその教え、親鸞聖人のご生涯やその教えを一年間通して講義します。

「悪人」「本願」「他力」などの言葉を説明しながら、親鸞聖人の教えについて話します。毎回ではありませんが、時折、私の話が伝わっているかを確認する意味も兼ねて講義の感想を書いてもらうことがあります。それらを読んでみると、「浄土真宗はあまい」という感想を目にします。学生から「真宗はあまい」という言葉が出てくるのは、どういうことでしょうか。このことについて考えてみたいと思います。

先に、勉強においても、リハビリなどの運動や激しいスポーツにおいても、「継続は力なり」ということが大切であると話しました。日々のたゆまぬ努力が素晴らしい成果に結びついた時、称讃の拍手、尊敬の思いが浴びせられるとも記しました。思い通りの結果が出ない場合でも、一生懸命に努力を重ねるすがたに接すると、多くの人は感動を覚えます。

仏道においても、同じようなことがいえますね。多くの人にとって、厳しいと思われる修行に精進し、難しいとされる学問に精通しているからこそ、それらを継続している僧侶は尊く偉い人と見られるのかもしれません。

けれども、浄土真宗においては、これとは少し違った見方がされています。この見方の違いがわかれば、「浄土真宗はあまい」という学生の言葉を理解するヒントになると思われます。

難行道・易行道

龍樹菩薩は、初地・歓喜地に至る方法として二通りの道を示しておられます。難行道という道と、易行道という道です。龍樹菩薩は問答の形式によって、この二つの道を示されます。おもしろく、また大切な問いであると思いますので、少しそれをうかがってみましょう。問答は次の問いから始まります。

初地の位に到達するには、「諸《しょ》・久《く》・堕《だ》の三難」があるので、もっと容易い道はないのでしょうかという問いです。

仏道を歩み始めて仏さまになるまで五十二の段階があるといわれますが、初地とは、その第四十一番目です。登山で言えば八合目あたりでしょうか。ここまで登るには、たくさんの修行に努め励まなければなりません。「諸」とは、たくさんの修行に精進することができなければ初地に至ることができないという難しさです。一つ目の難です。

多くの修行を努力・精進するためには、久しく長い時間が必要です。これが「久」という難しさです。一つの簡単な行であれば、短い時間で成就できるかもしれません。短い時間であれば私たちの集中力も持続できそうですが、実際にはそれも難しいといわなければなりません。これが二つ目の難です。

久しく長い時間をかけ、たくさんの修行をしようとしても、少しでも怠け心が生じてしまうと、堕ちてしまい、初地に至ることはできません。これが三つ目の「堕」という難しさです。

「諸」「久」「堕」という三つの難しさのある難行の道を避けたいので、何か容易い易行の道はありませんかという問いですね。

この問いに対して、すぐさま易行の道が説かれるわけではありません。

意外なことに、龍樹菩薩はこの問いを厳しく叱るのです。そのような問いは、能力の劣った意志の弱い人（儜弱怯劣《にょうにゃくこうれつ》・怯弱下劣《こうにゃくげれつ》）の言葉で、堅く強い志をもつすぐれた人（丈夫志幹《じょうぶしかん》・大人志幹《だいにんしかん》）の言葉ではないと叱り、厳しく諫《いさ》めるのです。仏になろうとして、仏道を歩もうとする者は、三難に立ち向かい、それを克服すべきであるという雰囲気やニュアンスを感じます。

しかし、どうしても易行の道について聞きたいのであれば、という但し書きのような言葉を挟んで、難行易行の道を説かれるのです。

難行道とは、陸の上を汗をかきながら、長い時間をかけて、一生懸命に歩いて進むような苦しい道だと示されます。それに対して、易行道とは、船に乗って、水の上をすい〜すい〜いと軽やかに進む楽しい旅のようであると示されます。

この言葉だけを見れば、水の上を進む方法は、苦しいのが嫌で楽をして目的地に到達したいという方法のように感じられます。冒頭に紹介をした「浄土真宗はあまい」という学生の感想にもつながる印象があります。

けれども、親鸞聖人は決してそうではありませんね。

易行道のみ唯一の道

一歩一歩と歩を進め、時間をかけて苦労しながら進もうとする陸路の歩行という努力が面倒くさくて、楽をしてよい成果を期待するような想いで、水路の乗船を選ぶのであれば、学生の感想・指摘は至極もっともだといえるでしょう。龍樹菩薩が、能力の劣った意志の弱い人の意見を厳しく諌められる言葉にも通じます。

しかし、親鸞聖人は楽をしたくて易行道を選ばれるのではありません。親鸞聖人は、難行道として示される行の、ほんのわずかなことですら、ろくに、充分に修めることができないことを、九歳から二十九歳の間、比叡山延暦寺《ひえいざんえんりゃくじ》での二十年のご苦労を通して、いやというほど痛感されたお方です。親鸞聖人にとって、難行道は、道としてはあるかもしれないが、私が到底、歩むことのできる道ではなかったのです。私にとって決して歩むことのできない難行道は、難行道か易行道かという選択肢にも入らないのです。親鸞聖人にとっては、二者択一の結果、易行道を選ばれたのではなく、易行道のみが私にとっての唯一の道であったのです。

もし、二者択一の結果、易行道を選んだのであれば、「あまい」という誹《そし》りはあるかもしれません。しかし、親鸞聖人は易行道のみが私の進むべき道であると、自信を持っておっしゃいます。『教行信証』には次のご文があります。

「まことに仏恩《ぶっとん》の深重《じんじゅう》なるを念《ねん》じて、人倫《じんりん》の哢言《ろうげん》を恥《は》ぢず」（『註釈版聖典』二〇九頁）

「ただ仏恩《ぶっとん》の深《ふか》きことを念《おも》うて、人倫《じんりん》の嘲《あざけ》りを恥《は》ぢず」（『同』四七三頁）

いずれも特に大切な場面でのご文です。「人倫の哢言」「人倫の嘲り」とは、人に嘲り笑われることです。私たちが人から最もされたくないことの一つです。「真宗はあまい」という言葉は、この「嘲り」であるともいえます。親鸞聖人は、「あまい教えに甘んじている」と嘲り笑われたとしても、決して恥じる必要がないとおっしゃるのです。このような親鸞聖人の思いを大切に受けとめさせていただきたいと思います。

龍樹菩薩（3）

憶《おく》念《ねん》弥《み》陀《だ》仏《ぶつ》本《ほん》願《がん》　自《じ》然《ねん》即《そく》時《じ》入《にゅう》必《ひつ》定《じょう》
唯《ゆい》能《のう》常《じょう》称《しょう》如《にょ》来《らい》号《ごう》　応《おう》報《ほう》大《だい》悲《ひ》弘《ぐ》誓《ぜい》恩《おん》

【書き下し】
弥陀仏《みだぶつ》の本願《ほんがん》を憶念《おくねん》すれば、自然《じねん》に即《そく》の時《とき》必定《ひつじょう》に入《い》る。
ただよくつねに如来《にょらい》の号《みな》を称《しょう》して、大悲弘誓《だいひぐぜい》の恩《おん》を報《ほう》ずべしといへり。
（『註釈版聖典』二〇五頁）

【現代語訳】
「阿弥陀仏の本願を信じれば、おのずからただちに正定聚に入る。
ただ常に阿弥陀仏の名号を称え、本願の大いなる慈悲の恩に報いるがよい」

と述べられた。

（『教行信証（現代語版）』一四七頁）

一、船に乗って進もう

阿弥陀仏のはたらき

先に、初地・歓喜地に至る方法として難行道と易行道という二つの道があるけれども、親鸞聖人は、易行道を選ばれたと話しました。けれども、それは、難行道という道が険しいために、楽をしたいという思いからではありませんでした。また、難行道と易行道の二つを天秤にかけて、易行道を選ばれたのではありません。二者択一ではなく、易行道こそ、いいえ、易行道のみが、私の進む道であると自信を持って選ばれたのでした。

親鸞聖人は龍樹菩薩を讃えて、次のご和讃を詠っておられます。

龍樹大士世《りゅうじゅだいじよ》にいでて
難行《なんぎょう》・易行《いぎょう》のみちをしへ
流転輪廻《るてんりんね》のわれらをば
弘誓《ぐぜい》のふねにのせたまふ

（『註釈版聖典』五七九頁）

生死《しょうじ》の苦海《くかい》ほとりなし
ひさしくしづめるわれらをば
弥陀弘誓《みだぐぜい》のふねのみぞ
のせてかならずわたしける

（『同』）

易行道とは、「弘誓のふね」「弥陀弘誓のふね」に乗って、苦しみの海をすいす〜いと進む道です。この「ふね」は、正信偈では「弥陀仏の本願《みだぶつのほんがん》」と表されています。初地・歓喜地に至る方法として、易行道が選ばれているのですから、この「ふね」によって、初地・歓喜地に至ることができるのです。

難行道には「諸」「久」「堕」の三つの困難があると記しました。たくさんの種類の修行を（諸）、長い時間をかけても（久）、怠けてしまうとコロコロッと堕ちてしまうという困難さでした。

では易行道はどうでしょうか。

易行道とは、ただ阿弥陀仏の本願を憶念するということです。憶念とは、ここでは、心に思い忘れないということです。つねに、阿弥陀仏の本願を心に思い、忘れず、信じるということです。難行道の「諸」に対しては、ただ弥陀の本願を信じるということ「だけ」なのです。

また、久しく長い時間がかかる難行道に対して、易行道は、阿弥陀仏の本願を信じると、おのずからただちに、初地・歓喜地に至るのです。五十二の段階を数える仏道・菩薩道のなか、初地は四十一番目ですが、即座に、ただちに、初地に到達するというのです。難行道の「久」に対しては、「自然」「即時」と表されています。

足の速いオリンピック選手が四十一の階段を全速力で上りきったとしても、即時ということはできません。これが、私たちの日頃の「考え方」です。けれども、私たちの「考え方」ではなく、阿弥陀仏の本願の「考え方」では、本願を憶念する（信じる）者は、「即時に」四十一番目の初地に上ることができるのです。それが阿弥陀仏の他力の「はたらき」なのです。このような阿弥陀仏の本願・他力の「はたらき」を信じ、本願の「はたらき」に従うことを、「自然」と受けとめることができるでしょう。

そして、「堕」ちる可能性がある難行道に対して、易行道では必定に入ると示されます。必定とは、必ず定まるということですから、正定聚と同じ意味・内容と理解してよいでしょう。必定・正定聚に入るのですから、もはや、「堕」ちることはありません。

このように、難行道の「諸」「久」「堕」に対して、易行道は、弥陀の本願を憶念する道ですから、「ただ」「自然」「即時」「必定」と明かされるのです。

易行道のみが、私の進む道であると知らされていく中に、ご恩を受けとめさせていただくことができます。

大悲弘誓の恩

私たちにとっての恩とは、阿弥陀仏に対する恩、親鸞聖人に対する恩でしょう。大悲弘誓の恩とは、本願の大いなる慈悲の恩ですね。

テレビや新聞のニュースは報道と言われます。報道の中で昨今、しばしば「報復」という言葉を目にしたり、耳にしたりします。しかし、浄土真宗に親しむ私たちは、報という字を熟語にするときには、「報恩」という語がパッと最初に浮かびます。

一月九日から十六日まで、ご本山では御正忌《ごしょうき》報恩講法要《ほうおんこうほうよう》が勤まります。

『広辞苑』という辞書で「恩」の項目を見てみました。そこには、「恩に着る」「恩に着せる」「恩を売る」「恩を仇で返す」と並んで、「恩を知る」という言葉が紹介されています。

また、「報恩」という項目も探してみると、「恩に報いること」「法要などを営んで仏恩に報じること」という説明の後、「報恩講」という語が「祖師の忌日に報恩のために行う法会。浄土真宗では、開祖親鸞の忌日（陰暦十一月二十八日）を最終日とする七昼夜にわたり法要を行う。現在は西本願寺などでは一月九日~十六日、東本願寺などでは十一月二十一日～二十八日」と紹介されています。仏教の専門書でなく、一般の辞書にも「報恩講」が載っていることに、少し喜びを感じました。

現在の暦で親鸞聖人のご命日は、一二六三年一月十六日ですから、西本願寺では一月に御正忌報恩講が勤まります。一方、親鸞聖人の頃の暦によれば、ご命日は十一月二十八日ですから、東本願寺などでは、十一月に報恩講が勤まります。

では、報恩、つまり恩を報じるとはどういうことでしょうか。また、南無阿弥陀仏《なもあみだぶつ》と称えていくことがどうして報恩といわれるのでしょうか。

次に、「恩を報じる」ことと「阿弥陀仏の名号を称える」こととの関係について話をしたいと思います。

二、恩

恩師からのプレゼント

現在勤めている龍谷大学には、二十二歳の学生の時から通い始めました。当時から一番お世話になった恩師の話から始めましょう。

私が学生の頃はもちろんですが、教壇に立って話をする側になっても、いつも先生が著されたご著書を読むことが一番の支えとなっています。時には、ご著書を出版される前に、校正のお手伝いをさせていただいたこともあります。

私の自宅の本棚には、先生からいただいたサイン付きのご著書がずらりと並んでいます。先生からいただく時に、決まって先生は、「しっかり読んでや」と声をかけてくださいました。

もし、「先生からいただいた本を、大切に本棚に飾ってあります」と先生に話したとすればどうでしょうか。「何のために君にあげたのかわからないか？」と叱られたかもしれません。

実際には、サインをしていただいた本が汚れるのが気になり、それは本棚に大切に置いておき、新たに自分で一冊を購入し、その本に線を引いたりしながら、一生懸命読ませていただきました。

私事ですが、二〇一五年五月に『歎異抄のことば』（本願寺出版社）という小さな書物を出版させていただきました。先輩や後輩にお贈りすると、お礼のメールや手紙・電話などをいただきました。書物を読んで、感想などを記していただいたり、言葉には表せない幸せなこころの交流でした。

私が恩師からプレゼントしていただいた時と同じように、私も当時、教えているゼミの学生二十人ほどにプレゼントしました。全員ではありませんが（笑）、数人の学生が一生懸命に読んでくれて、感想を聞かせてくれたりすると、プレゼントした甲斐もありますね。

恩を知る

龍樹菩薩を讃えられる最後に「大悲弘誓の恩を報ずべし」と記されます。本願の大いなる慈悲の恩に報いるがよいということです。恩に報いることが「報恩」ですね。浄土真宗では一年間にさまざまな法要・行事がありますが、最も大切にしたい法要の一つが「報恩講」です。

報恩とは、平たく言えば、ありがとうと感謝することです。感謝する想いがなければ、報恩はできません。この報恩の前提として、恩を知るということが大切です。

例えば、「子を持って初めて知る親の恩」などといわれます。反抗期・思春期をはじめ、結婚するまでは親に対して、反抗的な態度をとったこともあるでしょう。しかし、結婚し、子どもを授かり、親になることができれば、その時になって初めて、親の心配・苦労や、親の子に対する想いを知ることができるということでしょう。

正信偈では「憶念弥陀仏本願《おくねんみだぶつほんがん》」と述べられます。阿弥陀仏の本願を信じるということです。阿弥陀仏の本願がなければ、浄土に往生できるような私ではなく、浄土に往生できない私であれば、仏になることができない私であるのです。阿弥陀仏の本願を信じるということは、浄土に往生し成仏することができないはずの私が、阿弥陀仏の本願によって、この世の縁が尽きた時に、必ず浄土に往生し成仏させていただくと知るということです。これが、正定聚・必定・不退転・歓喜地の位に入るということですね。

恩を報ずる

恩を知ることができれば、その恩に何らかの形で報いていきたいという想いが当然、生じるでしょう。もし「ありがとう、とお礼を言ったから、もうそれ以上は何もしなくてよいでしょう」という方がいるとすると、その方は、本当に恩を知り、恩を感じたとはいえないような気がします。

また、何らかの形で報いていきたいのですが、これだけ報いたからこれで充分でしょうというわけにもいきません。

法要などの終わりに、一緒に唱和する和讃は「恩徳讃《おんどくさん》」ですね。

如来大悲《にょらいだいひ》の恩徳《おんどく》は
身《み》を粉《こ》にしても報《ほう》ずべし
師主知識《ししゅちしき》の恩徳《おんどく》も
ほねをくだきても謝《しゃ》すべし

（『註釈版聖典』六一〇頁）

如来大悲の如来とは阿弥陀仏です。師主はお釈迦さまでです。知識とは、法然聖人をはじめとする七高僧です。阿弥陀仏やお釈迦さま、七高僧に、「身を粉にしても」「ほねをくだきても」報じていきたいほどの恩なのです。テレビドラマの影響で「倍返し」という語が流行したことがありますが、倍どころではありませんね。

では、どのように報ずればよいのでしょうか。

簡単ですね。恩に感じる相手が一番喜ぶことをさせてもらうことでしょう。

恩に感じる相手が、「お前にこれだけしてあげたんだから、半分くらいは返して当然だろう」というような「恩に着せる」「恩を売る」私利私欲に走ってしまう方であれば、その相手の望むことはよいことではないかもしれません。

しかし、その相手が私のことを親身に考えてくれている方であれば、その相手がもっとも喜ぶことをさせてもらわなければなりません。

親鸞聖人のもっとも喜ばれること

恩徳讃を記された親鸞聖人にとって、知識とは七高僧です。では、私たちが恩徳讃を唱和する時、私たちにとっての知識はどなたでしょう。もちろん七高僧も含みますが、まずは親鸞聖人でしょう。ご本山で、親鸞聖人のご命日まで七昼夜にわたって報恩講法要が勤められるのもその故ですね。

では、親鸞聖人の恩に報いること、七高僧やお釈迦さまの恩に報いること、阿弥陀仏の恩に報いるとは、どうすることでしょうか。親鸞聖人・七高僧・お釈迦さま・阿弥陀仏がもっとも喜んでくださることは、私たちがお念仏の生活をさせてもらうことではないでしょうか。

阿弥陀仏の本願を信じ、感謝はしていますが、お念仏は称えていませんというのであれば、親鸞聖人や阿弥陀仏は決して喜ばれないでしょう。

お寺であれば本堂が、ご門徒であればお仏壇が、お念仏を称えさせていただきやすい場所ですね。決して場所を限定はしませんが、本堂やお仏壇でお念仏が聞こえないと、親鸞聖人や阿弥陀仏が寂しがられるかもしれません。

私たちがお念仏を称えることこそ、もっとも喜んでくださることなのです。一人でも、また仲間とでも、お念仏を称えさせていただき、お念仏を生活の柱とさせていただきたいですね。

天親菩薩（1）

天《てん》親《じん》菩《ぼ》薩《さつ》造《ぞう》論《ろん》説《せつ》　帰《き》命《みょう》無《む》导《げ》光《こう》如《にょ》来《らい》
依《え》修《しゅ》多《た》羅《ら》顕《けん》真《しん》実《じつ》　光《こう》闡《せん》横《おう》超《ちょう》大《だい》誓《せい》願《がん》
広《こう》由《ゆ》本《ほん》願《がん》力《りき》回《え》向《こう》　為《い》度《ど》群《ぐん》生《じょう》彰《しょう》一《いっ》心《しん》

【書き下し】

天親菩薩《てんじんぼさつ》『論《ろん》』（浄土論）を造《つく》りて説《と》かく、無礙光如来《むげこうにょらい》に帰命《きみょう》したてまつる。
修多羅《しゅたら》によりて真実《しんじつ》を顕《あらわ》して、横超《おうちょう》の大誓願《だいせいがん》を光闡《こうせん》す。
広《ひろ》く本願力《ほんがんりき》の回向《えこう》によりて、群生《ぐんじょう》を度《ど》せんがために一心《いっしん》を彰《あらわ》す。

（『註釈版聖典』二〇五頁）

【現代語訳】

天親菩薩は、『浄土論』を著して、「無礙光如来に帰依したてまつる」と述べられた。浄土の経典にもとづいて阿弥陀仏のまことをあらわされ、横超のすぐれた誓願を広くお示しになり、本願力の回向によってすべてのものを救うために、一心すなわち他力の信心の徳を明らかにされた。

（『教行信証（現代語版）』一四七頁）

一、天親菩薩と大乗仏教

親御さんの焦り

先日、ご門徒宅に月参りに寄せていただきました。いつもはニコニコと朗らかに出迎えてくださるのですが、この日は〝心ここにあらず〟といったご様子でした。お勤めの後、お茶をいただきながらお話をうかがうと、高校生のお子さんが勉強をしてくれなくて困っているとのことでした。高校入学の話をうれしそうにしておられましたが、今はもう高校二年生。来年は大学受験で、相当焦っているご様子でした。お子さん本人はそれほど焦っていないということが、お母さんの焦りを倍増させているようです。

中間試験や期末試験が迫ってきても、夕食後はテレビを見たり、スマートフォンで友達と連絡を取り合ったりして、ようやく勉強机に向かうのは、夜遅くなんだそうです。

「幼い子どもであれば、親が一緒に勉強することもできますが、高校生ですから、一緒に勉強することもないでしょうし、ご両親も本や新聞を読んだりして、勉強をしやすい雰囲気を作るなど、そのようなことから変えていかれてはどうですか？」と話そうかとも思いましたが、しばらく話を聞いていると、「私も学生時代はそうだったのかもしれませんね。少し気長に応援してみます」とニッコリおっしゃいました。

教育者として、私に何か助言を求めておられたのかもしれませんが、偉そうなことはいえません。四回生のゼミを担当すると、いつも経験することがあります。三月の卒業に向けて、卒業論文に一生懸命取り組んでほしいと私が思っている時に、デートやアルバイト、年末年始の旅行など、意外とのんびりと構えている学生がいます。なかなか上手に導くことができません。

いいえ、教え子だけではありません。今から思えば、学生時代の私も、両親や恩師から、もっともっと真面目に真剣に学んでほしいと思われていたように感じます。

三経一論

さぁ、七高僧の第二祖、天親菩薩の話に入ります。天親とは、インドのサンスクリット語のVasubandhuの訳語です。新しい訳では世親《せしん》と訳しますが、親鸞聖人は、旧訳の天親という名を多く使われています。

法然聖人は、正しく浄土に往生することについて明かされている書物を、「三経一論《さんぎょういちろん》」と述べられます。三経とは、『仏説無量寿経』『仏説観無量寿経《ぶっせつかんむりょうじゅきょう》』『仏説阿弥陀経《ぶっせつあみだきょう》』の浄土三部経ですね。一論とは『浄土論《じょうどろん》』で、天親菩薩の著されたお書物です。

天親菩薩は、後に、「千部の論師（論主）」と呼ばれるほど多くのお書物を著されましたが、浄土真宗におけるお聖教は『浄土論』です。正式には、『無量寿経優婆提舎願生《むりょうじゅきょううばだいしゃがんしょう》偈《げ》』と呼ばれる書です。優婆提舎とは、サンスクリット語のupadeśaを音写（発音を漢字に写すこと）したものですが、論議・宣説と意訳されます。『仏説無量寿経』などにもとづいて、阿弥陀仏や浄土の論議を記し、また阿弥陀仏の浄土に生まれることを願った偈（うた）が記されています。まず、天親菩薩と兄の無着《むじゃく》とのエピソードを紹介いたしましょう。

天親菩薩と兄の無着

龍樹菩薩よりも百五十年ほど後の北インドのプルシャプラ（現在のペシャワール）に生まれた無着と天親菩薩は、はじめはともに、上座部系の部派仏教を学び、天親菩薩は並ぶものがないほどの当代きっての学者でした。

後に、兄の無着は大乗仏教に転向し、その普及に努めていましたが、部派仏教を大成した弟の天親菩薩は、大乗仏教を痛烈に批判していました。弟が大乗仏教を批判することに心を痛めた無着は、何とかそれをとどまらせたいと思い、「兄、危篤」という旨の手紙を弟に送りました。危篤の知らせを受けた天親菩薩は、慌てて兄の元に駆けつけました。しかし、兄に危篤の様子はありませんでした。危篤という手紙が届いたことを兄に伝えると、「大乗仏教を毀謗《きほう》（批判）するという悪業を行う弟が、必ず悪道に沈んでしまうことに気を揉み、それが心痛となっているのだ」とこたえたのでした。

天親菩薩は、兄のこの思いに驚き、兄から大乗仏教の精緻な教え・思想・学問を伝授されました。大乗仏教の素晴らしさに気付かされた天親菩薩は、これまで大乗仏教を批判してきた自身の過ちを恥じ、後悔し、誤った批判の言葉を語り続けてきた自身の舌を割こうとします。この弟の思いを聞いて兄・無着は、たとえ千の舌を切り裂いても、これまでの罪を滅することはできないと述べ、その舌を切り裂くのではなく、その舌を用いて、これから大乗仏教を説き述べひろめることの方が大切であると諭されました。

何事もお念仏の助縁と心得べきなり

三月は、卒業、そして進級・進学・就職へのシーズンです。社会人にとっても、異動・転勤のシーズンです。

担当している四年生の学生も、皆それぞれにさまざまな道を歩んでいきます。

思い通りの道に歩むひと。

思い通りではありませんが、次のステップに進むひと。

次のステップに進むことができずに、足踏み状態のひと。

学生にとっては大きな岐路ということができます。大切な判断を迫られている時に、確かな判断をしなければなりません。しかし、大切な判断であればあるほど、また窮地に立たされた時には、得てして、判断を誤ることもあります。一人で悩んで答えを出すことも大切ですが、私の進むべき道を指し示してくれる方や、その方の言葉を大切にしたいですね。

天親菩薩は、兄・無着の思いを知り大乗仏教に転向しました。

「何事もお念仏の助縁《じょえん》と心得《こころう》べきなり」と語られたある先生の言葉が思い出されます。人生において、さまざまな決断をしますが、それは正しい時もあり、後に誤ったと気付かされる時もあるでしょう。また、足踏み状態にいる間は、不安や焦りの気持ちが出てきてしまうかもしれません。しかし、どのような判断をしようとも、お念仏に出遇うということ、そのためのさまざまなご縁であると思うことができる人生を歩ませていただきましょう。

二、礼拝の対象

「嫁さんの　取り説全て　要注意」

先日、職場の仲間と食事をする機会がありました。最近、結婚した人が、お嫁さんに対する愚痴をこぼし始めました。それは毎日作ってくれる食事に関する愚痴でした。

お嫁さんは、お寺で生活するのが初めてで、何から何まで初めてづくしで、戸惑いが多かったようです。当たり前ですよね。お寺で育った方でも、別のお寺に嫁ぐと、いろいろ初めてのことが多いのです。地方・地域の習慣も異なっているかもしれません。お寺でなくても、家庭によって、まさに千差万別ですね。家族構成にもよりますが、洋風の食事を好まれる家庭、和食を好まれる家庭、お肉の好きな家庭、お魚の好きな家庭、お野菜が充実している家庭など、さまざまです。食事の時間も、夕方五時頃から夕飯の家庭もあれば、お仕事などの都合で遅い時間からという家庭もあります。

そのお嫁さんは、夕方に食べ慣れていたので、夜八時以降は食べ物を口にする習慣がなく、慣れるまで一苦労されたようです。これは解決したようですが、食事の用意ができているのに、急に職場の仲間と外食することが重なった時に、お嫁さんの機嫌がすごく悪くなったようです。

「嫁さんの　取り説全て　要注意」「また飲み会!?　電話の声は　嬉しそう」というのは、第一生命が毎年募集し発表している「サラリーマン川柳」の中、ある年の傑作一〇

○選に選ばれた二句です。男性の目線で詠われた川柳です。私はクスッと笑いたくなるものが多いのですが、女性の方には、そうではないかもしれませんね。
「嬉しそう」というのは、おそらく、まだ夕飯の支度をする前だったのでしょう。夕飯の支度をした後であれば、「もっと早くに知らせて！」と少しお小言をもらったかもしれません。

これから結婚を考えている同僚が、「結婚って難しいですね」と不安げに話したりしていると、ふと、一人が、「やっぱり母親はすごいなぁ」とボソッとつぶやきました。

そうですね。「急に仲間と食事をすることになったから、晩ごはんはいらない」「体調が悪いから、食事はいらない」と妻に言うのであれば、さぞ不満だろうなぁと夫は気に掛けたりしますが、母親が作ってくれた食事には、それほど気に掛けることはありませんね。また、食事が不要になった時でも、不満を耳にしたことはないような気がします。

「母親はすごいなぁ」という一言に、皆が一斉にうなずいたことでした。

浄土真宗のお仏壇

私たちは日頃、お寺の本堂やお内仏、またご門徒宅でのお仏壇の前でお勤めをさせていただきます。浄土真宗のお仏壇のご本尊は阿弥陀さまです。お仏壇の中央には阿弥陀さまのお木像・絵像、あるいは、南無阿弥陀仏の六字のお名号ですね。向かって右には帰命尽十方無碍光如来《きみょうじんじっぽうむげこうにょらい》という十字のお名号や親鸞聖人の絵像が、向かって左には、南無《なも》不可思議光如来《ふかしぎこうにょらい》という九字のお名号や蓮如上人の絵像が掛けられていると思います。

碍（礙）とは、「さまたげ」「障害」ということですから、無碍光とは、何があってもさまたげにならない光ということです。どんなものもさまたげとせずに、貫き通す光なのです。蛍光灯のような光でも、ＬＥＤの光でも、月や太陽の光でも、もし物を置けば影ができてしまいますから、これらは無碍光と呼ぶことはできません。無碍光は、私たちの思いをはるかに超えた光ですので、不可思議光ともよばれます。

私たちの煩悩がどれほど深く重くても、その煩悩を貫き通し、煩悩を抱える私たちを包み込む光が無碍光なのです。

帰命尽十方無碍光如来
南無阿弥陀仏
南無不可思議光如来

六字・九字・十字と文字の数は異なりますが、いずれも、阿弥陀さまをご本尊としているのですね。

親鸞聖人は、お名号（尊号）や、善導大師や法然聖人などの祖師方の絵像（真像）を礼拝の対象とされていたようですが、その上下に、お名号や絵像を讃嘆するご文を、経典や論・釈などから引用しておられます。この讃嘆のご文を銘文といいます。銘文だけを集めた書物が『尊号真像銘文《そんごうしんぞうめいもん》』という書物です。

私たちの浄土真宗本願寺派を含め、真宗教団連合には十派の真宗教団があります。その一つ、真宗高田派のご本山・専修寺の宝物の一つに、親鸞聖人直筆の十字名号（帰命尽十方無碍光如来）があります。その下には、天親菩薩の『浄土論』の冒頭のご文が記されています。

世尊我一心　帰命尽十方
無碍光如来　願生安楽国
我依修多羅　真実功徳相（以下略）

『浄土論』の前半には、五文字を一句として一行に四句記され、二十四行の偈がうたわれています。偈は文字数にすれば、四百八十文字です。その冒頭で、天親菩薩は、世尊（お釈迦さま）に対して、無碍光如来に帰依したてまつると告白をされるのです。

修多羅によりて真実を顕す

「修多羅《しゅたら》」とは、サンスクリット語のsūtraを音写したものです。シュートラという発音に漢字をあてたもので、「経」「常」という意味の言葉です。真理が永遠（常）であるということですが、親鸞聖人は、『尊号真像銘文』（『註釈版聖典』六五二頁）において、先の『浄土論』冒頭の偈にある「我依修多羅」について次のように解説をしておられます。

修多羅とは、大乗仏教・小乗仏教の経典を指すけれども、ここでは、小乗仏教ではなく大乗仏教の経典を指し、具体的には浄土三部経を指すとお示しです。

先ほどお話ししましたが、天親菩薩は初め小乗仏教を学ばれていましたが、兄の強い勧めによって大乗仏教を学ばれた後、大乗仏教を広く説かれることとなります。小乗を広く学ばれ、大乗をも広く学ばれた天親菩薩が、浄土三部経によって、阿弥陀さまのお名号を真実と受けとめていかれたのです。

『浄土論』の偈の最後の三句は、「願見弥陀仏　普共諸衆生　往生安楽国」です。

偈の冒頭には「願生安楽国」、末尾に「往生安楽国」とうたわれています。大乗・小乗と広く仏教を学ばれた天親菩薩が、安楽国、つまり阿弥陀さまのお浄土に往生することを大切に大切に説かれているのですね。親鸞聖人がこのように讃嘆されている天親菩薩について、続けて話をしたいと思います。

三、一心にしたがう

法に依りて　人に依らず

二〇一六年十月から二〇一七年五月にかけて、ご本山（本願寺）では、伝灯奉告法要が勤まりました。未来に向けて宗門の新たな一歩を記すご法要でした。

先日ご縁あって、ある大きなご法要にお参りした時のことです。三月下旬の風が強い日で、堂内も非常に寒かったせいでしょうか、法要に続き記念講演が始まると、お堂から出て行かれる方が何人もおられました。寒くても、法要はもとより、記念講演にも集中して耳を傾けるべきですね。しかし、寒くてそれどころではなかったのかもしれません。また、次の予定が決まっており、聞きたくても聞くことができずにお堂を後にされた方もおられたかと思います。

講演も佳境に入ろうとする頃に、私の前に座っておられた方が隣の方とこんな会話をされるのが聞こえてしまいました。

「記念講演は聞く予定じゃなかったけど、皆がトイレに出たまま、お堂に戻ってこなかったから、講演している先生が気の毒だし、最後まで聞いてあげよう」

せっかくの法要に参拝させていただいたのですが、少し残念な気持ちになりました。

親鸞聖人に、「法《ほう》に依《よ》りて人《にん》に依《よ》らざるべし」(『註釈版聖典』四一四頁)というお言葉があります。仏法そのものに依るべきであって、仏法を語っている人に依るべきではないと受けとめさせていただいています。

歌のコンサートであれば、歌っている歌手やグループが目当てであるといえるでしょう。けれども、仏法であれば、誰が語っているかということではなく、語られている仏法こそが大切なのです。私たちは得てして、有名な布教使の法話だから聞きに行こう、偉い先生の講話だから聞きに行こう、大好きな先生の……といったように、誰が話しているのかということに気が向いてしまいがちですが、これではよくありませんね。

講演と法話は少し違うのかもしれませんが、私の前に座られた方が「講演している先生」という人に注意が向いていることに寂しく残念な気持ちになったのでしょうか。また、「聞いてあげた」という言葉にも引っかかってしまったのでしょう。

私たちは、聞かせていただくという表現をします。これは、こちらから聞くということではなく、向こうから届けられている声・言葉を、こちらが聞かせていただくということです。向こうから届けられている声・言葉とは、直接は、講演者・語り手の言葉ですが、浄土真宗の仏法においては、阿弥陀仏の広いお心が、私たちへの喚び声となって届けられているのです。

向こうから届けられている阿弥陀仏の声・心が、「本願力の回向《えこう》」なのです。

群生を度せんがために一心を彰す

群生《ぐんじょう》とは、生きとし生けるもの一切衆生のことです。同じような意味で、群萌《ぐんもう》という言葉もあります。いずれも、群がり生えているということです。

「赤信号、みんなで渡れば怖くない」という悪い言葉があります。一人で赤信号を渡ると車にひかれて危ないけれども、赤信号でも大勢で渡っていると、車が止まってくれるから怖くないということですね。不謹慎な言葉を挙げてしまいましたが、これは一人では気が小さくてできないことも、大勢になれば気が大きくなって、大風呂敷を広げてしまうようなことです。日頃の私たちの姿といえるのではないでしょうか。

また、「度」という字は、さんずいへんを付ければ「渡」という字になります。渡る、渡すという意味です。迷いの岸（世界）から、悟りの岸（世界）に渡してくれるということです。

阿弥陀仏は、広く大きな心で、全ての衆生を救うと誓ってくださっています。この大きな阿弥陀仏のお心に、一心にしたがうということを天親菩薩が明らかにしてくださっているのです。

親鸞聖人は、この天親菩薩の表された一心に大きな関心を持たれていたようです。

正信偈の前半に「本願名号正定業　至心信楽願為因」とありました。「至心信楽の願」とは、『仏説無量寿経』に示される第十八願です。第十八願には、至心・信楽・欲生という三心が誓われています。阿弥陀仏の浄土に往生する要として、第十八願に三心が誓われているのですが、天親菩薩は、三心ではなく、一心と述べられています。この三心と一心について、『教行信証』で三一問答と呼ばれる問答を展開しておられます。

いま、正信偈において、「一心を彰」してくださった天親菩薩を讃えられる親鸞聖人にならい、一心について考えてみましょう。

阿弥陀仏の心に一心にしたがうとは、一つに定まるということです。阿弥陀仏にまかせて大丈夫だろうかと不安に思うことでは決してありません。また、ある時には阿弥陀仏を信じるけれども、ある時には信じないというような心でもありません。私をさとりの世界に渡らせてくれるのは、阿弥陀仏の心をおいてほかにはないということです。

残念に感じた私こそ

最初に述べたご法要の帰途、前の席でお参りされていた方の会話に残念な思いを感じていたのですが、ふと、実は、私もその方々と同じだったと思いました。せっかくの法要に出遇う縁があるのに、私も集中して聞くことができていなかったのかなぁと思ったのです。法要に遇うということは、「後生《ごしょう》の一大事《いちだいじ》」（『註釈版聖典』一二〇四頁）を聞かせていただくということです。そして、「仏法《ぶっぽう》をあるじとし」（『同』一二八一頁）て生きる道を歩ませていただくということです。

他を責める気持ちが起こってしまう恥ずかしい私です。その私のために、阿弥陀仏が私の哀れな姿を悲しみ、常に思ってくださるお心に気付かせていただくのです。

私たちは都合よく「あなたを頼りにしています」「かたく信じています」と言いますが、願いが満たされると、あれだけ必死に頼ろうとしていたにもかかわらず、スパッとつながりを断とうとしてしまいます。私たちから阿弥陀仏へという方向は途切れ途切れしかないけれども、阿弥陀仏から私たちを見てくださるはたらきは、途切れることなく全ての群生を度すはたらきなのです。

阿弥陀仏の本願力回向のはたらきに気付かせていただくご縁として、法要にお参りをさせていただきたいものです。

天親菩薩（2）

帰《き》入《にゅう》功《く》徳《どく》大《だい》宝《ほう》海《かい》　必《ひつ》獲《ぎゃく》入《にゅう》大《だい》会《え》衆《しゅ》数《しゅ》
得《とく》至《し》蓮《れん》華《げ》蔵《ぞう》世《せ》界《かい》　即《そく》証《しょう》真《しん》如《にょ》法《ほっ》性《しょう》身《じん》
遊《ゆう》煩《ぼん》悩《のう》林《りん》現《げん》神《じん》通《ずう》　入《にゅう》生《しょう》死《じ》園《おん》示《じ》応《おう》化《げ》

【書き下し】

功徳大宝海《くどくだいほうかい》に帰入《きにゅう》すれば、かならず大会衆《だいえしゅ》の数《かず》に入《い》ることを獲《う》。
蓮華蔵世界《れんげぞうせかい》に至《いた》ることを得《う》れば、すなはち真如法性《しんにょほっしょう》の身《しん》を証《しょう》せしむと。
煩悩《ぼんのう》の林《はやし》に遊《あそ》んで神通《じんずう》を現《げん》じ、生死《しょうじ》の園《その》に入《い》りて応化《おうげ》を示《しめ》すといへり。

（『註釈版聖典』二〇五頁）

【現代語訳】

「本願の名号に帰し、大いなる功徳の海に入れば、浄土に往生する身と定まる。阿弥陀仏の浄土に往生すれば、ただちに真如をさとった身となり、さらに迷いの世界に還り、神通力をあらわして自在に衆生を救うことができる」

と述べられた。

（『教行信証（現代語版）』一四八頁）

一、喚び声の如く聞き入れる

あれっ!? 遺影がない

先日、あるお寺のご住職が亡くなられ、通夜・葬儀にお参りさせていただきました。

通夜の勤行の前に、ご住職の長男で喪主を務められる方から、こんな挨拶がありました。

「通例は、故人の遺影を掲げることが多いのですが、亡くなった父の遺言で、本日は遺影を掲げておりません。通夜の参列者がお焼香をなさる時に、遺影があるとどうしても遺影（故人）に対して手を合わせてしまいます。手を合わせて合掌礼拝していただく時に、亡くなった父にではなく、ご本尊（阿弥陀さま）に手を合わせ、お念仏を称えていただきたい。そんな父の思いを汲んでいただき、お焼香の際は、阿弥陀さまにお念仏申していただければと思います」

このような挨拶でした。なるほどなぁと思いながらの通夜と葬儀でした。

葬儀のあり方についてはさまざまな意見があるかもしれません。

葬儀社のサービスが華美になる傾向があります。亡くなった方とのお別れの集いという意味では、故人の生前のさまざまな時の写真や映像が会場で流されることもあります。

皆で正信念仏偈をはじめとするお勤めをさせていただくことの意味を大切に考えれば、阿弥陀さまに合掌礼拝させていただくことが、何より大切なのですね。

三つの利益

天親菩薩を讃嘆されるご文の後半の六句に入ります。前半の六句では、私たち群生を救わずにはおられないという阿弥陀さまの大きな本願・誓願のお心に帰依された天親菩薩の「一心」が大切に説かれていました。後半では、一心に帰依することができた者には、このような利益があるということを三種にわけて示されています。

一つ目は、阿弥陀さまの大いなる本願力回向のはたらき（功徳大宝海）に気付かせていただくと、この世で正定聚（大会衆）の仲間入りをさせていただくということです。

二つ目は、阿弥陀さまのお浄土（蓮華蔵世界）に往生させていただくと、すぐに仏さま（真如法性の身）にならせていただくということです。

三つ目は、阿弥陀さまのお浄土に往生させていただき、仏さまにならせていただくと、そのまま、迷いの世界（煩悩の林、生死の園）に還り、有縁の人々を導くということです。

まず、第一の事柄からお話をしましょう。

帰入功徳大宝海とは？

帰入功徳大宝海とは、功徳大宝海に帰入するということです。現代語訳では、「本願の名号に帰し、大いなる功徳の海に入れば」と記されています。

親鸞聖人が八十五歳の時に著された『一念多念文意《いちねんたねんもんい》』というお書物で、功徳・宝海・大宝海という語について、詳細な説明をされています（『註釈版聖典』六九〇頁）。

現代語版を頼りにその内容を窺うと、「真実功徳というのは、名号のことである」と述べ、この名号を「世親菩薩は大宝海にたとえておられるのである」と記し、さらに、「宝海というのは、どのような衆生も除き捨てることなく、何ものにもさまたげられることなく、何ものも分け隔てることなく、すべてのものを導いてくださることを、大海がどの川の水も分け隔てなく受け入れることにたとえておられるのである」というのです（『一念多念文意（現代語版）』三一頁）。

功徳大宝海というのは、阿弥陀仏の名号なのです。阿弥陀さまがすべての人を分け隔てすることなく、どのような衆生も捨てることなく、あらゆるものに等しくよびかけておられる、南無阿弥陀仏という喚び声が、功徳大宝海なのです。

だれに対しても厳しく素っ気ない態度を取る人に、邪険に扱われたとしても、元々その人は愛想の悪い人だからと気に掛けることは少ないのですが、だれに対しても愛想がよく、優しい言葉をかけているような人から、挨拶されなかったりすると、相当落ち込んだり、気が滅入ってしまうことになります。ただタイミングが合わなかっただけかもしれませんが、何か気に入らないことを言ったりして、嫌なことをしてしまったのかなと、自分の言動を振り返ったり、アレやコレやと悩んでしまいます。

阿弥陀仏の喚び声は、どこにいる人にも届く喚び声です。さすがの阿弥陀さまも、私のようなものは救ってくださらないだろう、見放されて当然だと悩んだり卑下する必要はありません。大きな海が、注ぎ込んでくる川の水を選別して拒否することがないように、阿弥陀仏は、すべての衆生を受け入れてくれるのです。

帰入とは帰依するということですから、帰入功徳大宝海とは、この阿弥陀仏の喚び声を、その如く聞き入れるということです。

大会衆の数に入る

大会衆とは、多くの人の集まるつどいの仲間ということです。天親菩薩の『浄土論』においては、阿弥陀仏の浄土に往生したものが、説法の会座の一員となるということです。親鸞聖人は、説法の会座の一員になるのは、浄土に往生した後ではなく、阿弥陀仏の喚び声をその如く聞き入れることができた時と理解しておられるのです。

本願力回向のはたらきに気付かせていただいたその時に、正定聚の仲間入りをすることができると示されます。親鸞聖人のみ教えの大きな特色の一つともいえる現生正定聚《げんしょうしょうじょうじゅ》のことですね。

蓮如上人の「御文章」（聖人一流章）に、「一心《いっしん》に弥陀《みだ》に帰命《きみょう》すれば、不可思議《ふかしぎ》の願力《がんりき》として、仏《ぶつ》のかたより往生《おうじょう》は治定《じじょう》せしめたまふ」（『註釈版聖典』一一九七頁）とありますが、まさに、私たちの思いも及ばない不可思議な阿弥陀仏の本願力のはたらきで、私たちの浄土往生が定められていると気付かせていただくのです。

冒頭に、遺影をおかない通夜・葬儀のことを紹介しました。ご住職が、ご自身の思いをご子息に語っておられたことに、感銘を受けました。自身の最期が近づいていることを直視しづらい中、自身の葬儀のことをご子息に語っておられたことに、尊い生き様を見せていただけました。また、ご住職の遺言を実現なさったご子息の尊い思いに感激しつつ、通夜・葬儀のお勤めをさせていただくことができました。

二、現益と当益

この世で得る利益＝現益

天親菩薩を讃嘆されるご文の後半の六句に入っています。阿弥陀さまの大いなる慈悲の心に触れることができれば、三種の利益があるという点についてお話をしています。少し難しくなりますが、大切なところです。

①帰《き》入《にゅう》功《く》徳《どく》大《だい》宝《ほう》海《かい》　必《ひつ》獲《ぎゃく》入《にゅう》大《だい》会《え》衆《しゅ》数《しゅ》
②得《とく》至《し》蓮《れん》華《げ》蔵《ぞう》世《せ》界《かい》　即《そく》証《しょう》真《しん》如《にょ》法《ほっ》性《しょう》身《じん》
③遊《ゆう》煩《ぼん》悩《のう》林《りん》現《げん》神《じん》通《ずう》　入《にゅう》生《しょう》死《じ》園《おん》示《じ》応《おう》化《げ》

この六句では、二句ずつに分けて、三種類のことが述べられています。
一つ目は、この世で大会衆（正定聚）の仲間入りをさせていただくということです。
①がそれです。
これは、私たちが生きているこの世において得ることのできる利益です。お浄土に往生する身に定まる（正定聚）という点については、先にお話をしました。仏さまになるために、自分本位なものの考え方（煩悩）から離れたいと思いますが、なかなかどうして、簡単に離れることはできません。離れることができないだけではなく、離れようと思えば思うほど、しつこくからみつきまとわりついて離れないのが、私の煩悩です。けれども、阿弥陀さまは、だからこそ、この私を放ってはおけずに、常に私とともにいて

くださっているのです。

阿弥陀さまが私とともにいてくださるとうなずいていくことが、この世に生きる私たちにとっては大切なことなのです。うなずくことができれば、まさに阿弥陀さまの法座に居ると言ってもよいのでしょう。これが、「入大会衆数《にゅうだいえしゅしゅ》（大会衆の数に入る）」ということですね。この娑婆の縁がいつ尽きるともわからない私たちですが、娑婆の縁が尽きた時に、お浄土に往生させていただけることが「間違いない」とうなずけるということです。

今現在、生きているこの娑婆で得ることのできる利益が一つ目です。これを現益《げんやく》といいます。

現益に対する言葉は当益《とうやく》です。当《まさ》にこれから得られる利益ということです。②の「得至蓮華蔵世界　即証真如法性身」と、③の「遊煩悩林現神通　入生死園示応化」がそれです。

お浄土に生まれて仏さまになる利益

二つ目と三つ目は、生きている時のことではありません。今生きている娑婆の縁が尽きた時に、お浄土に往生することが二つ目です。蓮華蔵世界とは、阿弥陀さまのお浄土です。お浄土に至ることができれば、ただちに、真如法性《しんにょほっしょう》の身、つまりさとりを開いて仏さまとなることができるのです。お浄土に往生することを往相といいますが、お浄土に往生してから、まだ何らかの修行をしなければならないのではありません。もし、お浄土に往生してから仏さまになるまでに、何らかの修行をしなければならないのであれば、「即＝ただちに」とはいえません。親鸞聖人のお示しは、お浄土に往生することと、仏さまに成ることは同時ということです。

先に、あるお寺のご住職が亡くなられたことをお話ししました。この世の最期、息を閉じる時に、お浄土に往生させていただき、ただちに仏さまにならせていただくのですから、通夜や葬儀の時には、故人は仏さまにならされていると考えることができるのですね。

もちろん、この世の縁が尽きて親しかった方と別れなければならないことは、つらく悲しいことです。けれども、一部の地域では今でも、次のような習慣が残っています。

毎朝のお正信偈のお勤めの際に、お仏壇やお内陣にお仏飯をお供えするように、葬儀の際にもお仏飯をお供えしますが、白米ではなく、赤飯をお供えするという習慣です。

私が小さい頃には、お誕生日の時にお赤飯をいただきました。子どもの頃に習っていたそろばんやお習字の級が進んだ時にも、母がお赤飯を用意してくれました。お赤飯はお祝い事にいただくものですが、通夜や葬儀にお赤飯とはどういうことでしょうか。

答えは簡単です。故人が仏さまになられたからです。葬儀にお赤飯を供えるのは、ご高齢で亡くなった方の場合に限定する向きもありますが、ご高齢の方に限る必要はありません。亡くなると同時にお浄土に往生し、仏さまにならせていただくので、お赤飯は不思議なことではありませんね。

お浄土から還る利益

三つ目の利益は、お浄土に往生させていただくと、「煩悩の林」に還り、「生死の園」

で衆生を救うはたらきをするというのです。「煩悩の林」「生死の園」とは、私たちのいるこの迷いの世界＝娑婆です。浄土から娑婆に還ってくることを還相《げんそう》といいます。

お浄土で仏さまになるのですから、迷いの世界で悩み苦しみ、もがきあえぐ人を見て、なんとかして、その迷いから抜け出させたいという百点満点の慈悲をはたらかせるのです。しかもそのはたらきは、「煩悩の林に遊んで」と記されるように、子どもが遊ぶが如くなのです。子どもが遊んでいるときは、遊び以外のことを考えず、疲れることも忘れて、遊びに熱中しています。大人の仕事は、時には苦心したり、疲れたり、愚痴をこぼすことがありますが、子どもの遊び（これが子どもの仕事なのでしょう）は、楽しくて楽しくて仕方がない様子です。

お浄土に往生すれば、仏さまにならせていただき、お浄土から還って、思う存分、人々を導くことができるのです。お浄土に往生すると、お浄土でのんびりじっとしているわけではないのですね。

最後にもう一点。では、お浄土から還るというのは、誰が還るのでしょうか。

私が、この娑婆の縁の尽きた時に、浄土に往生し、再び、この娑婆に還ってくると考えられます。私の浄土往生という往相と、私が浄土から還ってくる還相ということです。また、別の見方もできるかと思います。

通夜や葬儀の席では、迷いの世界・娑婆に生きる私たちが、通夜や葬儀のご法話を通して、阿弥陀さまの大いなる慈悲の世界に触れさせていただきます。私よりも先に往生し仏さまとなられた故人に導かれて、阿弥陀さまのご本願を聞かせていただくのですね。これは、故人がお浄土から還ってきて、娑婆に残る私たちを導いてくれていると考えることもできます。

家族をはじめ、親しくしていただいている方々との今生の別れは、さみしく悲しいことですが、通夜・葬儀を含め、私たち浄土真宗の仏事において大切なことは、故人をしのぶということと、すでに仏さまとなられた故人に導かれて、阿弥陀さまのお慈悲に出遇わせていただくということなのです。

曇鸞大師（1）

本《ほん》師《し》曇《どん》鸞《らん》梁《りょう》天《てん》子《し》　常《じょう》向《こう》鸞《らん》処《しょ》菩《ぼ》薩《さつ》礼《らい》
三《さん》蔵《ぞう》流《る》支《し》授《じゅ》浄《じょう》教《きょう》　梵《ぼん》焼《じょう》仙《せん》経《ぎょう》帰《き》楽《らく》邦《ほう》

【書き下し】
本師《ほんし》曇鸞《どんらん》は、梁《りょう》の天子《てんし》、つねに鸞《らん》（曇鸞）の処《ところ》に向《む》かひて菩薩《ぼさつ》と礼《らい》したてまつる。
三蔵《さんぞう》流支《るし》、浄教《じょうきょう》を授《さず》けしかば、仙経《せんぎょう》を焚焼《ぼんじょう》して楽邦《らくほう》に帰《き》したまひき。
（『註釈版聖典』二〇五頁）

【現代語訳】
曇鸞大師は、梁の武帝が常に菩薩と仰がれた方である。
菩提流支三蔵から浄土の経典を授けられたので、仙経を焼き捨てて浄土の教えに帰依された。

（『教行信証（現代語版）』一四八頁）

眠りを起こさないで⁉

いつものように月参りに寄せていただいた時のことです。いつもは、玄関横の部屋で私の到着を待ちながら、テレビや新聞を見ている女性が、その時は玄関から出て、私の到着を待っていてくださいました。「アレッ？」と思いながら挨拶をすると、話しづらそうに、お連れ合いの病気のことを告げられました。前の月には普通にされていましたが、急に痛みがひどくなり、病院に行くと、がんの宣告をされたそうです。もっとも、以前にがんの手術を受けて快復されていたので、初めてではなかったのですが、進んだ（悪い）状態のがんで、前日、検査入院から一時帰宅されていました。ご本人にはその進度のことは伝えられておらず、今、しばらくぶりに家に帰って、ホッとして仏間の横の部屋で横になっているとのことでした。

赤ん坊が寝ている時もそうなのですが、その日も、寝ているご主人を起こさないよう、日頃よりも少し小さめにお鈴を鳴らし、読経の声量を少しセーブしました。途中で寝息（いびき）も聞こえてきたので、安心しながら読経を終えて、御文章拝読のために振り返ると、ニコニコとご主人が座っておられました。ご尊前に合掌礼拝し、振り返って、ご挨拶をしていると、「若さん、私に気を遣って小さな声で読んでくれたんでしょう。でも若さんの元気な声を聞きたいから、遠慮しなくていいですよ」とおっしゃっていただきました。

どうやら、はじめのお鈴で目が覚めて、最初からずっと座っておられたようです。寝息を不思議に思いながら尋ねると、徹夜でアルバイトをしていた大学生のお孫さんの寝息であることも判明しました。

病気で寝ている方を起こさないようにとの思いやりや気遣いのつもりで、読経の声量を下げたのですが、僧侶としては間違った判断をしてしまったことでした。

曇鸞大師の伝記（1）

七高僧第三祖の曇鸞大師を讃えるご文に入ります。龍樹菩薩は南インド、天親菩薩は北インドのご出身でした。曇鸞大師から、第五祖の善導大師までは、中国のお方です。

七高僧については、正信偈のほかに、「高僧和讃」でも取り上げられています。「高僧和讃」では、龍樹菩薩・天親菩薩については、それぞれ十首（和讃は、一首、二首と数えます）ずつですが、曇鸞大師については、実に三十四首もの和讃を親鸞聖人は作られています。七高僧の中でも群を抜いて多いのが大師についての和讃です。その三十四首のうち十一首の和讃が大師のご生涯についてです。

まず、曇鸞大師のご生涯について学んでいきましょう。

曇鸞大師は、北魏孝文帝《ほくぎこうぶんてい》の時代、四七六年に、山西省五台山《さんせいしょうごだいさん》の近く雁門《がんもん》（并州文水）のお生まれといわれます。若い頃から仏教に精通し、龍樹菩薩の書や『涅槃経《ねはんぎょう》』などを学ばれ、『大集経《だいじっきょう》』という経典の註釈に心身を傾けておられました。その途中に、健康を害した大師は、「このまま病に伏せっていては、註釈書を到底、完成させることができない。膨大な『大集経』の註釈を完成させるためには、まずは、仙人の教えを学び、長生きをしなければならない」と考えました。

当時、南朝の梁《りょう》の首都である建康《けんこう》（南京）に、長生不死の仙経《せんぎょう》を教えることで有名な陶弘景《とうこうけい》（陶隠居）という人物がいました。大師は、この陶弘景に会うために、はるばる北魏の雁門から、梁の建康まで赴き、陶弘景から仙経を授かることができました。

大師のおられた北魏の雁門から、梁の建康までは、直線距離でおよそ千二百キロあります。北海道新幹線の新函館駅から東京駅までは八百キロ余りです。東京・博多間が千百キロ余りです。それよりも長く遠い距離を超えて、大師は旅をされたのです。

この時に、大師は梁王朝の武帝とも面会し、武帝は大師の真摯に仏道を歩む姿やその人徳に心底、惚れ込んだのでしょう。親鸞聖人も、この辺りの事柄を『尊号真像銘文』というお書物に次のように記されています。

「梁国《りょうこく》の天子《てんし》」といふは、梁《りょう》の世《よ》の王《おう》といふなり、蕭王《そうおう》の名《な》なり。「恒《つねに》向《きたにむこうて》レ北礼《らいしたてまつる》」

といふは、梁《りょう》の王《おう》、つねに曇鸞《どんらん》の北《きた》のかたにましましけるを、菩薩《ぼさつ》と礼《らい》したてまつりたまひけるなり

（『註釈版聖典』六五四頁）

ここでは武帝のことは蕭王と表されています。大師が、帝や陶弘景との面会の後、建康を離れ、北魏に戻られた後にも、梁の王（蕭王・武帝）は、建康から見て北方の北魏におられる曇鸞大師のことを菩薩と尊敬し、礼拝されたと記されています。正信偈に「本師《ほんし》曇鸞《どんらん》梁《りょう》天子《てんし》　常《じょう》向《こう》鸞《らん》処《しょ》菩薩《ぼさつ》礼《らい》」と記されているのは、このことですね。

曇鸞大師の伝記（2）

大師は、陶弘景から長生不死の仙経を授かり、意気揚々と北魏への帰路につきましたが、その途上、洛陽で菩提流支《ぼだいるし》三蔵《さんぞう》に出会いました。菩提流支三蔵は、北インドから洛陽に来て永寧寺《えいねいじ》に住していた、当代きっての訳経僧《やくきょうそう》です。

菩提流支に会った大師は、はるばる北魏から南朝の梁まで赴いて、陶弘景から長生不

死の教え（仙経）を授けられたことを、菩提流支に向かって得意満面に語ったのでしょうか。はたまた、その仙経に勝る仏教の教えがあるでしょうかと尋ねたのでしょうか。

菩提流支は、その質問を聞くやいなや、大師を厳しく叱ったのでしょう。

仙経によって少しは延命することができるかもしれません。つまり、「長生」はある程度は可能かもしれませんが、「不死」ということはあり得ませんね。

私が二十代の頃に初めて聞いてショッキングな印象がありましたが、人間の死亡率は、一〇〇パーセントですね。がんや心筋梗塞などの病気のほか、事故・事件・天災など、死因はさまざまですが、死亡率は一〇〇パーセントです。誰もが死を避けることができないということです。

幼い頃から仏教を学び、仏教に精通していた大師が、『大集経』の註釈書を作るためとはいえ、長生不死の仙経を授かったことに感激して、それに勝る仏教の教えがあるでしょうかと尋ねたのです。しかし、菩提流支は、少々長生きをしようとも、必ず死を免れないわが身の後生の一大事を案ずるべきことを、大師に諭したのでしょう。

大師もその言葉に目を覚まされて、仙経を焼き捨て、菩提流支から授かった『仏説観無量寿経』（あるいは、『浄土論』ともいわれます）を大切にし、浄土の教えに帰依されたのです。

私にとって何が大切なことなのか。このことを適切に、的確に諭してくれる存在は、かけがえのない存在ですね。

曇鸞大師（2）

天《てん》親《じん》菩《ぼ》薩《さつ》論《ろん》註《ちゅう》解《げ》　報《ほう》土《ど》因《いん》果《が》顕《けん》誓《せい》願《がん》

【書き下し】

天《てん》親《じん》菩《ぼ》薩《さつ》の『論《ろん》』（浄土論）を註《ちゅう》解《げ》して、報《ほう》土《ど》の因《いん》果《が》誓《せい》願《がん》に顕《あらわ》す。

（『註釈版聖典』二〇六頁）

【現代語訳】

天親菩薩の『浄土論』を註釈して、浄土に往生する因も果も阿弥陀仏の誓願によることを明らかにし、……

（『教行信証（現代語版）』一四八頁）

長い里帰り

毎月、ご門徒の家々へのお参りに寄せていただきますが、定年退職をされたご家庭では、ご夫婦そろって私の後ろに座られ、ともにお勤めをさせていただくことが多いです。あるお家で、ご主人だけのことがしばらく続いたので尋ねてみると、「実家に戻っているんです」ということでした。「何か事情でもあるのかなぁ?」「あまり深く詮索しない方がいいかなぁ?」などと聞きあぐねていると、察してくださったのか、連れ合いの親御さんの体調がすぐれずに、毎月、看病に帰っているとのことでした。

九州南部のご出身と以前うかがっていたので、「遠方で大変ですね。新幹線ですか?」などと話していると、少しずつ不満の言葉が出てきました。交通の便があまりよくない所で、新幹線でも飛行機でも、駅や空港から結構な時間がかかる所だそうです。実家に滞在している間は車が必要なため、片道九百キロ以上をお一人で運転して、往復されているとのことです。

「えらい遠い所から嫁にもろてしまいました。一カ月の半分ほどは向こうですねん。ご飯も洗濯も自分でせなあきませんねん」と少し不満を口にされましたが、すぐに「若い頃、子どもを連れて、二人で交替して運転をして帰ってた頃は楽しかったからなぁ」

と言い換えられました。定年退職されたご夫婦ですから、連れ合いが長距離を一人で運転されることも心配なのでしょう。

大師の生涯に学ぶ

曇鸞大師の話を続けましょう。

中国が南北朝に分かれていた時代の北朝に、北魏という国（時代）がありました。曇鸞大師は、北魏の時代に生きられたお方です。幼い頃から仏教に親しみ、仏教のさまざまな教えにも精通しておられました。あるとき、膨大な『大集経』という経典の註釈を進める途中で病に倒れました。註釈を完成させるために、不老長寿・長生不死の教え（仙経）を求めて、旅立ちました。はるばる千二百キロの長い旅の末、南朝の梁の都（建康）にいる陶弘景に会い、仙経を授かることができました。しかし、北魏へ戻る途中に立ち寄った洛陽で菩提流支三蔵に会い、仙経を焼き捨て、浄土の教えに帰依されました。

この出来事を通して、どのようなことを考えることができるでしょうか？

不老長寿とは、長生きをしたいということです。私たちも日頃、何気なく思っていることですね。けれども、大師が長生きをしたいと思ったのは、ただ単に長生きをしたいということではありません。頼りないわが子の行く末を案じて、死ぬに死ねないから長生きをしたいのでもありません。まして、遊びたいからという理由でもありません。『大集経』の解説書を書くためという理由です。至極、まっとうな理由ですね。

大師は、陶弘景から仙経を授かるために、はるばる千二百キロもの行程を歩んだのです。しかし、菩提流支三蔵と出会い、その仙経を捨てたというのです。すごい話ですね。

私の身に置き換えてみると、なかなか、大師のようにはいきません（当たり前ですが）。先に、大阪から九州南部の実家まで帰省をされているご門徒の話をしました。九百キロ以上の道のりは、途中休憩も含めると、十時間はかかるそうです。大師は、それ以上の道のりを、車ではありませんから、相当な日数と労力を重ねて、ようやく仙経を手に入れたのです。

時間や労力をかけて手に入れたものは、その時間が長ければ長いほど、また苦労が多ければ多いほど、それを捨てることに躊躇してしまいます。簡単に手に入ったものでも、愛着のあるものは捨てがたいです。愛着の期間が長くなればなるほど、どんどんと捨てがたくなります。子どもの頃に集めていたコレクションはそうですね。

大師は『大集経』という経典の解説書を書くためというまっとうな理由で、はるばる千二百キロもの隔たりを進み、長生きの方法を教えてくれる仙経を、ようやく手に入れることができました。けれども、菩提流支三蔵に出会い、それを一気に焼き捨てたのです。後で使うかもしれないから置いておこうというような、執着や未練は一切なかったのでしょう。

同じようなことが、親鸞聖人のご生涯にもうかがうことができるのではないでしょうか。九歳で出家得度され、二十九歳までの二十年間を比叡山延暦寺で過ごされました。二十年間という歳月を考えると、「あと少し続ければ、何かわかるのではないだろうか」「もう少し続ければ、何かが変わるのではないだろうか」というような思いが出てきても不思議はありません。けれども、二十九歳で山を下りられたということは、二十年間にわたる難しい学問や厳しい修行を捨てられたということです。

『論註』を著す

「天親菩薩造論説《てんじんぼさつぞうろんせつ》」と「天親菩薩論 註解《てんじんぼさつろんちゅうげ》」。正信偈を無本でお勤めする時に、間違いやすいところかもしれません。

「天親菩薩造論説」は、天親菩薩が論（『浄土論』）を造られたということです。「天親菩薩論註解」は、天親菩薩の論を曇鸞大師が註釈して、『往生論註《おうじょうろんちゅう》（論註）』という書を著されたということです。

大師の『論註』には、「有後心《うごしん》」「無後心《むごしん》」という言葉があり、有後心ではなく無後心が肝要であるとされます。この言葉を親鸞聖人は『教行信証』に引用しておられます。

有後心・無後心とはどのような心なのでしょうか。

有後心とは、まだ後があると思う心です。後ろにまだ隙間があると思うような心です。

無後心とは、もう後ろに隙間がないという心です。これだけを聞くと有後心の方がゆったりとした心で、無後心の方が切羽詰まった余裕のない心のように感じられるかもしれません。しかし、そうではありませんね。

有後心とは、明日があるから、今日わざわざ頑張らなくても明日に延ばせばよいという考え方です。これでは、大切なこと・必要なことがどんどんと先延ばしにされてしまいます。一方、無後心とは、明日があるかどうかはわからないから、今日できることを精いっぱい努めましょうという考え方です。

大師は、菩提流支三蔵に出会い、長生不死の教えに依ろうとすることの頼りなさを知らされ、浄土の教えに帰依することができました。大師が『論註』に表された有後心・無後心の語は、大師が菩提流支三蔵から学ばれた一つの大切なメッセージのように感じられます。

曇鸞大師（3）

往《おう》還《げん》回《ね》向《こう》由《ゆ》他《た》力《りき》　正《しょう》定《じょう》之《し》因《いん》唯《ゆい》信《しん》心《じん》

【書き下し】
往還《おうげん》の回向《えこう》は他力《たりき》による。正定《しょうじょう》の因《いん》はただ信心《しんじん》なり。

（『註釈版聖典』二〇六頁）

【現代語訳】
往相も還相も他力の回向であると示された。「浄土へ往生するための因は、ただ信心一つである。……」

（『教行信証（現代語版）』一四八頁）

大学での講義に加えて、カルチャーセンターで先日、「浄土真宗はお盆に何をするのか」と題した特別講座を担当させていただきました。「特にお盆だからといって、日頃と変わった特別なことは何もしません」という答えを、講座のまとめとしてお話ししたのですが、「何をするのか」というタイトルですので、「何もしません」では詐欺に近いような思いもあり、そう考える理由を大きく三点、話させていただきました。

一つは、故人がお盆にだけ還ってくるのではないということです。

二つは、故人と生きている私のどちらが迷っている存在かということです。さまざまな煩悩に悩まされ、苦しんでいるのは、生きている私たちであって、故人はすでに仏さまになられたお方なのです。故人は煩悩に苦悩することのない仏さまなのですから、迷っているのは、今生きている私たちなのです。

三つ目は、迷っている私たちが、命終わる時に、仏さまになることができるのは、阿弥陀仏の本願に依るということです。本願によって、煩悩に迷う私たちが、娑婆の縁の尽きる時、仏さまにならせていただけるのです。

『論註』という書物

七高僧第二祖の天親菩薩の『浄土論』を、第三祖の曇鸞大師が註釈された書が『論註』という書です。親鸞聖人はご和讃に、次のように詠われます。

天親《てんじん》菩薩《ぼさつ》のみことをも
鸞師《らんし》ときのべたまはずは
他力広大威徳《たりきこうだいいとく》の
心行《しんぎょう》いかでかさとらまし

（『註釈版聖典』五八三頁）

曇鸞大師の『論註』という書がなければ、天親菩薩の『浄土論』に示された内容を精確に理解できなかったでしょうということです。具体的には、『論註』がなければ、「他力」ということを詳細に、正しく理解することはできなかったということです。

仏典は、大きく三つに分けることができます。経・論・釈の三つです。経とは、お釈迦さまのお言葉が記されたものです。『仏説無量寿経』などがそれです。また論とは、経の内容を、菩薩といわれる方が註釈されたものです。龍樹菩薩の『十住毘婆沙論』、天親菩薩の『浄土論』などがそうですね。それら経や論をさらに解釈された書を釈と分類します。この分類によれば、曇鸞大師の『論註』は釈になりますが、親鸞聖人は『論註』のことを『註論』と示される場合があります。これは、釈であるけれども、論に匹敵するような書であるという親鸞聖人のお考えです。

「他力」という語は、浄土真宗のお聖教の中では、曇鸞大師の『論註』に初めて出てくる言葉です。ここでは、この他力ということについて、話をしたいと思います。

すべての人々を等しく、そのまま救いたい

報土とは阿弥陀仏のお浄土のことです。「報」はむくいると読む字です。「報」という字には、「お返しをする」や「仕返しをする」という意味があります。罪に対して罰を与え、うらみに対して相手を懲らしめたり、逆に、恩返しをするという意味です。

阿弥陀仏のお浄土は、何のきっかけもなくいきなりできあがったのではありません。阿弥陀仏が、法蔵という名の菩薩であった時に建てられた本願（誓願）を成就するために、修行を完成されて、阿弥陀仏となり、その浄土を建立されたのです。何の因果（原因と結果）もなく、いきなり現れたお浄土ではないというのです。

まことの願い（本願・誓願）とまことの行い（修行）に報いて完成されたお浄土ですから、阿弥陀さまのお浄土を「報土」とも表します。

また、ここでは、私たちがお浄土に往生する因果も、誓願によると示されています。誓願とは、阿弥陀仏の誓いであり願いです。本願ですね。私たちがお浄土に往生できるのは、阿弥陀仏の本願によるのです。阿弥陀仏の本願は、十方衆生（すべての人々）を等しく救いたいという願いです。等しくとは、分け隔てせず、そのままということです。

努力して頑張って、善い行いを積んでいる人を先に救いたいというのではありません。逆に、怠け心が強く、悪い行いをしている人を後回しにしようというのでもありません。すべての人々を等しく、そのまま救いたいということなのです。

親鸞聖人は「信罪福心《しんざいふくしん》」という言葉を使って、このことを指摘されています。信罪福心は、信罪心と信福心を合わせた言葉です。信福心とは、私自身の福（善い行い）の報いとして、よい結果があると信じる心です。よい結果とは、阿弥陀仏に救われるということです。私が善いことをしたから、阿弥陀仏に救ってもらえると考える心です。

信罪心は、その逆ですね。私が、私自身の罪（悪い行い）の報いを受けると信じる心です。私が悪いことをしたから、阿弥陀仏に救ってもらえないと考える心です。

この両者を合わせた表現が、信罪福心です。この心を、親鸞聖人は「自力」であるとお示しです。阿弥陀仏に救われるのは、私が善いことをしたからだと考えることは自力なのです。また、悪いことをしたから救ってもらえないと考えることも自力なのです。両者ともに、阿弥陀仏の本願、すなわち、「すべての人々を等しくそのまま救いたい」という本願・誓願を疑う心だからです。

阿弥陀仏の本願・誓願の心を、その如くに受けとめていくことが他力の世界です。私が善いから救われるのではありません。私が悪いから救われないのでもありません。この私、煩悩を抱えている私を放っておけずに、そのまま抱いてくださる心が、阿弥陀仏の他力の心なのです。

この他力のはたらきによって、私たちがこの娑婆の縁の尽きる時、お浄土に往生させていただくのです。私たちは自分の頑張った努力や手柄で往生させてもらえるのではありません。また、お浄土から娑婆に還ってくるのも、私の努力の成果ではありませんね。私の努力や手柄の報いではなく、すべて、弥陀の他力のはたらきによることを「往還回《おうげんね》向由他力《こうゆたりき》」と示されます。

この他力のはたらきをその如くに受けとめるということは、自身の努力や手柄は、お浄土に往生するためには全く役に立たないことだとわかるということです。全く役に立たないことをしながら、自身の善を誇ったり、相手の悪をののしったりする愚かな私たちをそのまま救いたいと願ってくださっている本願に、うなずいていくことが、「正定《しょうじょう》之因唯信心《しいんゆいしんじん》」と示されているのですね。

曇鸞大師（４）

惑《わく》染《ぜん》凡《ぼん》夫《ぶ》信《しん》心《じん》発《ぽつ》　証《しょう》知《ち》生《しょう》死《じ》即《そく》涅《ね》槃《はん》
必《ひっ》至《し》無《む》量《りょう》光《こう》明《みょう》土《ど》　諸《しょ》有《う》衆《しゅ》生《じょう》皆《かい》普《ふ》化《け》

【書き下し】
惑染《わくぜん》の凡夫《ぼんぶ》、信心発《しんじんほっ》すれば、生死《しょうじ》すなはち涅槃《ねはん》なりと証知《しょうち》せしむ。
かならず無量光明土《むりょうこうみょうど》に至《いた》れば、諸有《しょう》の衆生《しゅじょう》みなあまねく化《け》すといへり。
（『註釈版聖典』二〇六頁）

【現代語訳】
「……煩悩具足の凡夫でもこの信心を得たなら、仏のさとりを開くことができる。
はかり知れない光明の浄土に至ると、あらゆる迷いの衆生を導くことができる」

と述べられた。

（『教行信証（現代語版）』一四九頁）

一、凡夫と染香人

香りに染まる染香人

健診のため、数年前から定期的に近くの医院に通っています。ある時、看護師さんに「玉木さんはお坊さんですか？」と聞かれました。不思議に思い尋ねると、上着を脱ぐ時にほんのりとお香の香りが漂うのだそうです。

ご門徒のお宅に寄せていただくと、お家によってさまざまなお線香が用意されていますす。毎年お正月には、年始のご挨拶代わりに、西本願寺から出ている月刊「大乗」の一月号とお線香をお配りしていますが、お配りしたお線香がなくなると、違う香りのお線香を使っておられるのでしょうか、仏間の香りが少し変わってくることがあります。コーヒーの香りがしていたり、旅行で買ってきたラベンダーの香りのものがあったり、お話のきっかけになることもしばしばです。

知らず知らずのうちに、お香の香りが衣類に染み移るのでしょうね。私にとっては当たり前で気付かない香りです。知らない間に染み移っている香りから、「お香の匂いだからお坊さんかな」と想像されたのでしょうか。

親鸞聖人に次のご和讃があります。

染香人《ぜんこうにん》のその身《み》には
香気《こうけ》あるがごとくなり
これをすなはちなづけてぞ
香光荘厳《こうこうしょうごん》とまうすなる

（『註釈版聖典』五七七頁）

聖人自筆の「国宝本」によれば、染香人の語に「カウバシキカミニソメルガゴトシトイフ」という左訓が付けられていることがわかります。読みやすいように漢字を含んで表すと「芳ばしき香、身に染めるが如しといふ」ということです。阿弥陀さまのお徳を芳ばしい香りに喩え、その香りに染まり、香りが漂っている念仏者のことを、染香人と表されています。美しい表現ですね。

自分で自分の香りには気付きにくいのと同じように、阿弥陀さまのお徳をいただいているけれども、その阿弥陀さまのお徳を自分の徳として見せびらかしたりしない念仏者を、染香人と讃えられるのです。念仏者のつつましく素晴らしいところだと思います。

惑染の凡夫

惑染は、染香人の染香とは逆の言葉です。惑は煩悩の異名（別の言い方）です。また迷惑と熟語にすることもできます。「まよい」「まどい」ということです。煩悩に迷い、煩悩に惑わされ、さまざまな思い通りにならないことを「苦」と感じるのですね。自身では知らない間にお念仏の香りに染まる念仏者の素晴らしさが染香人と讃えられると記しましたが、惑染は逆に、自身に染まっている煩悩には、自身ではなかなか知ることが難しいということです。

この本を手に取ってくださっている読者の皆さんには、ご自身に煩悩がないと自負する方はおられないと思います。ことあるごとに、自身の欲深さ（貪欲《とんよく》）を知らされて恥ずかしくなったり、自身のいらだちや怒り（瞋恚《しんに》）の炎が燃え盛ることにハッとすることがおありだと思います。

けれども、「ことあるごとに」ということがくせ者ではないでしょうか。

「無欲だと 認めさせたい 欲がある」というシルバー川柳を教えていただきました。自分には欲がないと自負したいけれども、欲がないということを認めてもらいたいという欲があるということです。折りに触れて私自身の欲の深い煩悩（貪欲）を知らされるのですが、知らされない時には貪欲がないのかといえばそうではありません。影を潜めているから気付かないだけですが、だからといって、ないわけではありませんね。

また、「あなたの思い通りにしてください」と口では優しく言いながら、自分の思い通りにされなければ、怒りの炎が燃え盛ることがあります。そんな時は、自身の煩悩に気付いていますが、心穏やかにお念仏を称えている時には、煩悩は微塵もないかのように感じてしまっています。けれど、決して私に瞋恚という煩悩がないのではありません。気付いていないだけなのです。

惑染の凡夫とは、このような私たちのことなのです。

「生死すなはち涅槃」というさとり

惑染の凡夫である私たちが、阿弥陀さまのお徳につつまれていると知ることができれば、「生死すなはち涅槃」であると知ることができるというのです。仏さまのさとりとは、「生死すなはち涅槃」と見抜いていくことができるのです。

むずかしい表現ですね。

生死とは、「生死《しょうじ》の苦海《くかい》ほとりなし」「生死《しょうじ》海《かい》」などと表されるように、苦しみの状態のことです。涅槃とは、サンスクリット語のニルヴァーナ（nirvāṇa）の音写・音訳です。

全ての煩悩が完全に吹き消された悟りの境地のことです。つまり、生死と涅槃は全く逆の意味のはずですが、生死と涅槃が「即」で結ばれるのは、どういうことでしょうか。

私たちは、自分の周囲にいる方を、さまざまに判断し、区別して接しています。この人は善い人で、あの人は悪い人。この人は私に優しく言葉をかけて励ましてくれるから好きな人、あの人は厳しいことばかり言うから嫌いな人。この人の傍にいると得をするけれども、あの人の傍にいても得をしないで損をするから傍にいないでおこう…。

このように私たちは、善悪・好悪・損得で判断をしていますが、「昨日の友は今日の敵」と言われるように、自分の基準によって、相手の評価が一八〇度ガラッと変わることがあります。自己中心的な煩悩が自分の基準になっているのですから、その評価は全く曖昧であると言わねばなりません。

周囲の人を思い通りにしたいという貪欲をもつことがあります。また、周囲の人に迷惑をかけられ、怒りや不満を感じることもあります。これらは実は、自身の煩悩の故であると知らされれば、周囲の人を善悪・好悪・損得で区別することが無益なことだと知ることができるのでしょう。自分にとっての都合の善し悪しで「善い人」「悪い人」と判断していたことの過ちに気付くことが大切なことなのです。

善悪・好悪・損得を基準に判断している者は、「生死即涅槃」と受けとめることはできず、「苦は苦、楽は楽」と二つに区分してしまいますが、阿弥陀さまのお徳につつまれていると知ることができれば、「生死即涅槃」と受けとめることができるのでしょう。

逆に言えば、「生死即涅槃」と受けとめることができない者は、判断の基準が誤っているのです。この判断の誤りに気付かされることが、「信心を発す」ことだと考えることができるでしょう。

自分の曖昧な善悪・損得などを判断の軸にするのではなく、阿弥陀さまのお心を軸に据える生き方、それが染香人という生き方なのでしょう。

二、私たちを導くのは

一緒にまんまんちゃんするの〜

九十代のご門徒が亡くなられ、満中陰のご法事を迎えた時のことです。もう満中陰なんだなぁと思いながらお宅に寄せていただき、装束《しょうぞく》を整えて仏間に入ると、亡くなられた方のお子さんやお孫さんとその家族が、十数人座っておられました。その中、お孫さんの女性が、正座をした膝の上にかわいい女の子を乗せておられました。

お勤めが始まると、最初は緊張していたせいでしょうか、女の子はじっとお母さんに抱っこされたままでしたが、しばらくすると、「おわったぁ？」とお母さんに何回も尋ねはじめました。

小さな子どもにすれば、ご法事のお勤めは長いんだろうなぁと思っていると、今度は、抱っこしているお母さんの腕からもぞもぞと動き始め、膝から離れようとしていました。

ひとしきり攻防の末、抱っこするのをあきらめたお母さんから自由になった女の子は、下の方から遠慮がちに私の顔をのぞきに来たり、私の開いている経本をのぞいたり、あげ句の果てには私の装束を引っ張ったりしました。そしてお母さんと女の子が再び格闘する中、途中でお父さんが私に申し訳ないと思ったのか、女の子を抱っこして、となりの部屋に移って行かれました。

最初に「お子さんが泣いたりしても全くかまいませんよ」とお伝えすればよかったのですが、お勤めの最中では話すこともできません。

すると、となりの部屋から、「まんまんちゃんする〜」「一緒にまんまんちゃんするの〜」という女の子の声が聞こえてきました。

実は「おわったぁ？」と何回もお母さんに尋ねていたのは、お勤めが長いからではなかったのです。終わった時に一緒に「まんまんちゃん」とお念仏を称えたくて、今か今かと待っていたのでした。

女の子に気を取られながらお勤めしていたことは反省しなければなりませんが、その時、通夜と葬儀のことを思い出しました。女の子は、毎週の中陰には来ていませんでしたが、そういえば、通夜と葬儀の時にアンパンマンの歌を歌っていたなぁと思い出したのです。大半の歌詞は聞き取れないような発声でしたが、アンパンマンの歌であることはわかりました。

満中陰ですから、通夜・葬儀の時から一カ月半ほど経っています。その間に、「まんまんちゃんする」とはっきりと聞き取れるほどに、上手に発音できるようになったことに驚きました。そして、「一緒にまんまんちゃんするの～」という言葉にもうれしく想いながら、お勤めが終わりました。

この女の子が描いてくれたお礼のイラスト

無量光明土に至る

阿弥陀さまのお浄土は、たとえば『仏説阿弥陀経』では、極楽国土と何度も表されています。親鸞聖人は、極楽という表現も用いられますが、光明土という表現も大切に使われています。ここでは、無量光明土と示され、阿弥陀さまのお浄土ははかり知れない光明の浄土であると示されます。

先ほどのご門徒の葬儀ではありませんが、時折、葬儀にかかわる一連の法要の中で、浄土真宗では使わない言葉を耳にすることがあります。私の至らなさを恥じなければなりませんが、「冥土《めいど》」という言葉は、阿弥陀さまのお浄土に対して用いる言葉ではありません。しかし、弔辞や弔電披露の中では耳にすることがあります。

私の好きな時代劇では、旅の途中に温泉につかりながら、「あ〜極楽極楽！　こんないい湯につかって、おいしいものをいただいて、冥土へのいい土産ができたわい」というような場面がよくありますが、冥土の冥は、暗いという意味の漢字です。ですから、冥土とは暗い場所ということです。

同じような表現として、「ご冥福をお祈りいたします」という言葉があります。冥福とは、暗い幸せということですから、何を意味しているやらわかりませんね。

ついでにもう一つ！「草葉の陰から私たちを見守っていてください」という言葉もありますね。陰ですから、やはりこれも暗い場所ということです。

浄土真宗では、亡くなった方に対して、「暗い場所」「暗い幸せ」というような言葉を使いません。それは、先立った方々は、暗い場所ではなく、無量光明土という阿弥陀さまのお浄土に往生されたからですね。無限に光り輝くお浄土に往生されたのです。

故人は、この娑婆の縁の尽きた時に、阿弥陀さまのお浄土に往生して、仏さまになられているのです。

私たちは、娑婆にいのちがある間、その最期の最期の瞬間（＝臨終の一念）まで、煩悩を断ち切ることができません。煩悩を断ち切ることができない私たちは、決して仏さまとは言えない私たちです。けれども、いのち尽きた時に、阿弥陀さまの本願他力のはたらきによって、お浄土に往生させていただき、仏さまにならせていただくのです。

葬儀の時はもちろん、通夜の時にも、故人はすでに仏さまなのですね。

今生での別れはつらく寂しいことです。お世話になった方、親しくしていただいた方との別れは、つらくないはずがありません。悲しみの涙が出ないほどつらく悲しい別れもあります。けれども、今生の命を終えられた方は、仏さまになられ、今生に残っている私たちを導いてくださっているのです。

故人に導かれて

大人にとっては、通夜・葬儀から満中陰までの期間は、役所などのさまざまな手続きに追われたりしながら、あっという間に感じられます。けれども、幼い子どもは、その期間にずいぶんと変化し、成長するものなんだなぁと感じさせていただきました。

となりの部屋に連れて行かれた女の子が「まんまんちゃんする～」「一緒にまんまんちゃんするの～」とはっきりとした声で叫んでいたことをお茶を飲みながらうかがうと、毎日、そんなふうに「一緒にまんまんまんちゃんしようね」と女の子に話していたそうです。

仏間に戻ることができた女の子は、ちゃんと正座して、小さな手で合掌して、「まんまんちゃん」と称えてくれました。

女の子に「まんまんちゃん」を教えたのは、お母さんやおばあちゃんですが、通夜や葬儀から満中陰にいたる期間に学んだということは、亡くなられた方の導きといえるのではないでしょうか。

何とも言えないかわいらしい様子に心を温めてもらいながら、満中陰のご法事を勤めさせていただきました。

道綽禅師（1）

道綽決聖道難証《どうしゃっけっしょうどうなんしょう》　唯明浄土可通入《ゆいみょうじょうどかつうにゅう》

【書き下し】

道綽《どうしゃく》、聖道《しょうどう》の証《しょう》しがたきことを決《けっ》して、ただ浄土《じょうど》の通入《つうにゅう》すべきことを明《あ》かす。

（『註釈版聖典』二〇六頁）

【現代語訳】

道綽禅師は、聖道門の教えによってさとるのは難しく、浄土門の教えによってのみさとりに至ることができることを明らかにされた。

（『教行信証（現代語版）』一四九頁）

近寄らないで！

新型コロナウイルスが流行する前のことですが、あるご門徒宅にうかがった時のことです。玄関で出迎えていただくと、マスクをしておられました。風邪かな？　予防かな？　と思いながら、仏間に進み、お勤めをさせていただきました。

このご家庭は、小さなお子さんとご両親、そしておばあちゃんが一緒にお住まいです。ご縁ができてから、まだハイハイをしていたようなお子さんの毎月の成長を見させていただくのが、私の楽しみにもなっています。

お子さんが学校に通う年齢になってからは、毎月のお参りが平日であれば、お子さんがおられないので、大人だけでお話をさせていただきます。このお宅のお子さんも保育園や幼稚園、小学校に通うようになると、家にいた頃よりも、風邪をひきやすくなったようです。園や学校などで、うつるのでしょうね。先日、学校でもらったのかどうかわかりませんが、お子さんが風邪をひいたそうです。家の中ではお母さん、おばあちゃんと順番に風邪がうつったという話を聞きながら、おばあちゃんがおっしゃったことが印象的でした。

「孫は目に入れても痛くないというほどかわいいから、小さい時もそうでしたが、風邪をひいて、高熱を出していると、代われるものなら代わってやりたいと思っていました。鼻水が詰まって息苦しそうにしていると、孫の鼻に自分の口を当てて鼻水を吸い出してやりたいと思っていました」

ここまでふんふんとうなずきながら、「あぁ、お母さんやおばあちゃんというのは、これほどまでにわが子を愛おしく思うのだなぁ。子や孫の苦しみの身代わりになるのに、何の躊躇もないのだなぁ」と思いました。そして「やっぱり親ってすごいなぁ！　阿弥陀さまが親さまと呼ばれるのは、こういうことなんだ」と思いながら、このことをお話ししようと思いました。が、まだおばあちゃんの言葉は続きました。

「でも、孫の風邪が母親にうつって、それが私にうつされると、そんなきれいごとではすみませんね。私の方に近寄って来んといてぇと思いますね」

ここまで話してこられて、私の表情に気づいたのか、はたまた、つい本音を開けっぴろげに言い過ぎたことに気づかれたのでしょうか。

「年を重ねて病気がちになってくると、ついつい弱い気持ちになってしまいますね。私が若くて、わが子がつらい時には、こんな気持ちになることはなかったのにね。私って冷たい人間ですね」とおっしゃいました。

このおばあちゃんが冷たい人間なのではないですね。人間とは、おおよそこのような思いを持つのではないでしょうか。もしこのおばあちゃんが、仏のさとりを開いた方ならば、「私に風邪がうつってしまうから、風邪の人は近寄らないで！」とは思わなかったでしょう。けれども、おばあちゃんも、私自身も、私たちは、煩悩を持つ凡夫の身です。けっして今、仏さまになっているのではありませんね。

このことについて、正信偈のご文にうかがってみたいと思います。

道綽禅師

ここから七高僧の第四祖、道綽禅師に入ります。七人の高僧の真ん中です。大学での試験や得度習礼のために、七高僧の順番を覚えようとする際に、「龍、天、曇、道、善、源、源」と頭文字を並べることを以前紹介しましたが、四番目の「道」です。

正信偈の後半、依釈段では七高僧が順番に讃嘆（ほめたたえること）されています。同様に、「高僧和讃」でも七高僧が順番に讃嘆されています。七高僧のご和讃の数は、龍樹菩薩十首、天親菩薩十首、曇鸞大師三十四首、道綽禅師七首、善導大師二十六首、源信僧都（和尚）十首、源空（法然）聖人二十首となっています。数の多少が思想的な影響の濃淡に直接関係はしませんが、七高僧の中で、もっとも和讃の数の少ない道綽禅師に対して、もっとも印象も薄いと思われる方もいらっしゃるかもしれません。

けれども、決してそうではないと思います。親鸞聖人の恩師法然（源空）聖人が、浄土宗の独立宣言の書とも言うべき『選択本願念仏集《せんじゃくほんがんねんぶつしゅう》』（『選択集』）を著されています。その冒頭には、道綽禅師の『安楽集《あんらくしゅう》』というお書物からご文を引用されています。書物の書き始めの文言には細心の意を注いでおられただろうと思います。

私も原稿を書く際に同じような経験をしますが、大学で接している学生もそうです。

さまざまな講義のレポートや卒業論文を書くとき、なかなか思うように筆が進まないのです。進まないというよりも、最初の言葉が出ないのです。最初の言葉を書き始めることができれば、意外とスイスイと筆が進むことがあります。私などと法然聖人を比べることは不遜の至りですが、『選択集』を書き始める際には細心の意を注いで推敲を重ね、文言を選ばれただろうと思います。それが、道綽禅師の『安楽集』のご文です。

親鸞聖人も、この『安楽集』を引用された法然聖人に倣い、道綽禅師から多くのことを学ばれたと考えられます。

聖道門と浄土門

「道綽《どうしゃっ》決《けっ》聖道《しょうどう》難証《なんしょう》　唯明《ゆいみょう》浄土《じょうど》可《か》通入《つうにゅう》」とあるご文は、現代語訳にあるように、道綽禅師は、聖道門《しょうどうもん》の教えによってさとるのは難しく、浄土門《じょうどもん》の教えによってのみさとりに至ることができることを明らかにされたということです。道綽禅師についての正信偈のご文の中、もっとも大切な点ということができるでしょう。

『浄土真宗辞典』（本願寺出版社）を参考にすれば、聖道門とは、この世でさとりを開くことを説く教えです。浄土門とは、阿弥陀仏の本願のはたらきによって阿弥陀仏の浄土に往生し、浄土でさとりを開くことを説く教えです。

道綽禅師が、浄土門の教えによってのみさとりに至ることができると断言されたのは、なぜでしょうか。

浄土真宗の私たちは、浄土門の教えを当然のことと受けとめています。私たちにとって当然すぎることですが、この理由を道綽禅師が明らかにしてくださったのです。この答えが、法然聖人の引用された『安楽集』のご文です。ご文の内容については、次にお話しさせていただきます。また、道綽禅師のご生涯についても、「像末法滅同悲引《ぞうまつほうめつどうひいん》」のところでお話しさせていただきます。

道綽禅師（2）

万《まん》善《ぜん》自《じ》力《りき》貶《へん》勤《ごん》修《しゅ》　円《えん》満《まん》徳《とく》号《ごう》勧《かん》専《せん》称《しょう》

【書き下し】
万善《まんぜん》の自力《じりき》、勤修《ごんしゅ》を貶《へん》す。円満《えんまん》の徳号《とくごう》、専称《せんしょう》を勧《すす》む。

（『註釈版聖典』二〇六頁）

【現代語訳】
自力の行はいくら修めても劣っているとして、ひとすじにあらゆる功徳をそなえた名号を称えることをお勧めになる。

（『教行信証（現代語版）』一四九頁）

一、自力と他力

二種の勝法

親鸞聖人は三十五歳の時が、法然聖人との今生の別れでしたが、約五十年経った晩年に、法然聖人を「よきひと」と呼び、「ただ念仏して弥陀にたすけられまゐらすべし」とおっしゃった法然聖人の言葉を信じることがすべてであると語っておられたようです。

親鸞さまにとって恩師ともいうべき法然聖人が、浄土宗を一宗として独立宣言された書が『選択集』です。その冒頭に、道綽禅師の『安楽集』のご文が引用されています。そのご文を紹介し、なぜ浄土門の教えによってのみ、さとりにいたることができるかをお話しします。道綽禅師は、問答形式で話を進められます。どのような問いを立てられるのでしょうか。

まず、私たちは、はるか彼方の昔から迷いの生死《しょうじ》を繰り返すのみで、どうして、迷いの境界から出ることができないのであろうかという疑問です。私たちは、六道の迷いの生死を際限なくめぐり、輪廻する存在なのです。「即横超截五悪趣《そくおうちょうぜつごあくしゅ》」の時にお話をしましたが、地獄《じごく》・餓鬼《がき》・畜生《ちくしょう》・人《にん》・天《てん》の五悪趣に、修羅《しゅら》を加えて、六悪趣・六道と数えます。この六道の迷いの連鎖からどうして抜け出ることができないのでしょうか。

この問いに対して、禅師は、「二種の勝法」によって、生死の迷いを離れることができないからだと、端的に述べられます。「二種の勝法」とは、聖道門と浄土門という二つの法です。

聖道門について親鸞聖人は、『教行信証』に「この界《かい》のうちにして入聖得果《にっしょうとくか》するを聖《しょう》道門《どうもん》と名《な》づく」（『註釈版聖典』三九四頁）と記されます。また浄土門については、「安養《あんにょう》浄刹《じょうせつ》にして入聖証果《にっしょうしょうか》するを浄土門《じょうどもん》と名づく」（同）と記されます。聖道門とは、私たちの生きるこの世界で聖者となって仏のさとりを得る立場です。一方、浄土門とは、浄土に往生して、仏のさとりを得る立場です。

聖道門と浄土門について、「勝法」と表されている点にも注意をしたいところです。

浄土門を勧められるからといって、聖道門を劣った教えだとは示されていないのです。聖道門も浄土門も、ともに「勝法」、つまりともに勝れた教えであると示されるのです。ともに勝れた教えではあるけれども、聖道門はもはやふさわしい教えではないとされているのです。その理由と論証が、三つに分けて説明されます。去聖遙遠と、理深解微と、『大集月蔵経《だいじゅうがつぞうきょう》』がそれです。

去聖遙遠

「大聖を去ること遙遠なる」ということです。大聖とは、お釈迦さまです。お釈迦さまが亡くなられてから既に遙か遠く、時が過ぎてしまっているということです。私たち仏教に親しむものにとって、いつの時代が最もよい時代といえるでしょうか。いろんな答えがあるかもしれませんが、お釈迦さまがこの世におられる時代（御在世）が、最もよい時代であると思います。お釈迦さまの説法の特徴は、対機説法《たいきせっぽう》・応病与薬《おうびょうよやく》といわれます。応病与薬とは、病に応じて薬を与えるということです。医者は、まず、患者の痛みや苦しみを的確に診断しなければなりません。的確に診断しても、適した薬が処方されなければ、病や傷・怪我が癒されることはありません。苦痛・苦悩を見抜き、最も適した薬を処方できる人が、名医と言われます。

お釈迦さまも名医の如く、一人ひとりの苦しみや悩みを見抜くことができます。百人いれば百人、みな悩みや苦しみは異なるでしょう。その一人ひとり（機）の苦悩に対して、最も適した言葉や方法を用いて対処する説法が、機に対して法を説く対機説法です。

私たちにとって、自身でも気付いていない場合がある深い深い悩みを見抜き、私が最も深く肯《うなず》ける言葉や方法を用いて対処してくれる方がいてくれることは、何ものにも代え難い有り難いことです。

かつて、京都大学の西谷啓治《にしたにけいじ》先生が「わが師西田幾多郎《にしだきたろう》を語る」という文章の中で、「自分自身よりも自分に近いような人に出会い得るということは、人生における最も大きな恵みであり幸福である」と記しておられました。

自分に長所があるかどうかわかりませんが、長所を伸ばしてくれる方。また、自分では気付かない短所を的確に指摘し、矯正してくれる方。そのような方がいてくれる時が最も幸せな時であり、そのような方がいてくれない時は、厳しい時であるといえます。

仏教徒にとってお釈迦さま御在世の時が、もっとも幸せな豊かな時代です。お釈迦さまが亡くなられ、そして遙かに時代を経てしまっている時を、禅師は末法という言葉で表されます。すでに時代は末法であるということが一つ目の理由です。

理深解微

二つ目の理由は、人間の資質・能力の問題です。理深解微とは、「理は深く解は微なる」ということです。聖道門の教えは、理にかなった教えですが、その理・道理は深く難しいのです。にもかかわらず、人間の理解力が乏しく、その理に到底及ばないということです。

どんなに正しい教えが説かれたとしても、それを理解し、受けとめる能力がなければ、教えが人に伝わることはありませんし、人が教えに生きることもありません。教えが人を生かすともいえませんね。

このように、時代と人間（機）について考え合わせれば、聖道門の教えは、なるほど勝れた教えであることに変わりはないけれども、時代にも、時代に生きる人間にもふさわしい教えであるとはいえないのです。

道綽禅師は、聖道門がふさわしくない二つの理由を、こう断言されています。

万善の自力

三つ目は『大集月蔵経』です。時代と人間（機）が熟した時機《じき》純熟《じゅんじゅく》（『同』一三八頁）であればよいのですが、失時乖機《しつじかいき》（時を失し機に乖ける。『同』四一三頁）ということ、つまり、末法という時代に合わず、末法に生きる人間の資質にも背いているために、多くの者が聖道門の自力の教えに従って修行をするけれども（万善の自力）、一人として悟りを得る者がいないと『大集月蔵経』に示されています。この文言を論証として、道綽禅師は、浄土門を勧め、南無阿弥陀仏のお名号を勧められるのです。

二、末法の時代

道綽禅師のご生涯

道綽禅師のご生涯を簡単に紹介します。

禅師の生まれた五六二年の頃の中国は、南北朝時代といわれます。北魏が華北を統一した四三九年から始まり、隋《ずい》が再び中国を統一する五八九年までの時代です。南朝は、宋《そう》→斉《せい》→梁《りょう》→陳《ちん》と変遷し、北朝には北魏→東魏《とうぎ》、西魏《せいぎ》→北斉《ほくせい》、北周《ほくしゅう》という国が乱立します。

禅師は、北斉の時代に、并州《へいしゅう》の汶水《ぶんすい》で生まれたといわれます。十四歳の時に出家をしますが、その翌年、北斉は北周に滅ぼされます。北周の武帝は、中国における仏教大弾圧（三武一宗の法難）の一つにも数えられるほどの苛烈な廃仏を行った人物です。その武帝が亡くなり、仏教再興の許可が下りたのは、隋の文帝（楊堅）の五八一年といわれますから、禅師は二十歳です。隋が南朝の陳を滅ぼし中国を統一するのが五八九年、禅師二十八歳の時です。

その後、禅師は慧瓚《えさん》禅師（五三六〜六〇七）の教団に加わります。道綽禅師という尊称は、ここに由来すると考えられます。慧瓚禅師の没後、教団を離れ、四十八歳の時、玄中寺で曇鸞大師（四七六〜五四二）の碑文に接したといわれます。しかし、禅師はこの時初めて曇鸞大師のことを知ったのではないでしょう。曇鸞大師の没後二十年に生まれた禅師ですが、大師の事績を知らないはずはないと思います。けれども、四十八歳の時に初めて、本当の意味で出遇われたといえるでしょう。

親鸞聖人も、九歳から二十九歳までの二十年間、比叡山で天台の学問・修行に励まれました。その間、『大経』を読んでおられないはずがありません。しかし、『大経』の真意、つまり阿弥陀仏のご本願に出遇われたのは、二十九歳で山を下り、法然聖人と出遇われるまで待たねばなりません。山上でも出遇われていたはずですが、法然聖人の説法を通して、初めて、本当の意味で出遇うことができたといえるでしょう。

道綽禅師は、曇鸞大師の碑文に出遇われて浄土教に帰依された後、生涯を閉じられるまで、浄土三部経、特に『仏説観無量寿経』を講ずること二百回にも及んだと伝えられています。

仏教の時代の感覚〜正法・像法・末法〜

先にお話ししましたが、お釈迦さまがこの世におられる時代（御在世）が、最もよい時代であると思います。しかし、お釈迦さまも、八十歳でこの世の命を終えられます。

お釈迦さま亡き後、時代は正法・像法・末法と移っていきます。正法とは、お釈迦さまが亡くなられても、お説きになった教え（教）がキチッと残っており、教えにもとづいて修行（行）をし、そして、さとり（証）に至ることができる時代です。教・行・証の三つがすべてそなわっている時代です。

像法の時代は少し異なります。教えは残っていますが、教えにもとづいた修行が少しあやしくなってくる時代と考えることができます。像法の像は、画像・映像の像です。

テレビを通して、遠く離れた海外の様子を同時刻に見ることができます。映像の素晴らしさですね。けれども、映像ではわからないこともあります。

日頃、私が学生に話すことです。ご本山での大きな法要は、インターネットで配信されています。お参りできない方にはとても便利です。家に居ながら、ご本山の法要に参加できるのですから、大変有り難いことです。けれども、学生には「せっかく京都にいるのだから、一回でも二回でも、直接、参拝させてもらうと、ネットの画像ではわからないことも感じることができるよ。その場の凛とした雰囲気や隣の方の息づかい、出勤されている僧侶の様子やお荘厳の美しさは、その場ならではのことだよ」と話すことがあります。

写真とは、真を写すということです。本物を写しているので、本物に限りなく近いのです。限りなく似ているけれども、本物とは違うということです。像法の時代の行は、真実・本物の行に似ているけれども、本物の行とは違うのです。自分自身では「これが真実の行だ」と思って勤めたとしても、それは真実に似ているだけで真実ではありませんから、それをどれだけ続けても、どれだけ重ねても、さとりに至ることはできません。これが像法の時代です。

こんなふうに喩えることができるでしょうか。初めて訪れる観光地で、駅に着きました。駅から目的地に行くために、正しい道順を知らなければなりません。土地の方に尋ねたり、地図を求めたりします。これが教です。地図に示された正しい道をその通りに歩むことが行です。正しい道を歩めば、目的地に至ることができます。これが証です。正法の時代ですね。

像法の時代は、正しい道順を知りながらも、それとは少し違った道を歩むということです。一本ズレた道を歩み始めても、途中で正しい道に戻ることができればいいのですが、ズレた道を歩めば、目的地からはどんどんと遠ざかり、結局、目的地に至ることができません。これが像法の時代です。

では末法の時代はどうでしょうか。正しい地図を持ち、正しい道順も知ってはいるのですが、その道を歩まないのです。極端な言い方をすれば、地図を見ているだけで、一歩も動こうとしないのです。ドラえもんの「どこでもドア」があればよいのですが、そんなものはありませんから、目的地に至りません。このように、お釈迦さまの教えはありますが、教えにもとづいて修行をすることがないため、さとりに至ることがない時代を末法といいます。

末法の実感

禅師が活動された時代は、まさに激動の時代といえるでしょう。

北斉・北周・隋・唐と政権がめまぐるしく交替する不安な時代感覚に加え、飢饉が蔓延したとも言い伝えられています。また、北周武帝による仏教弾圧も、禅師出家から間もない頃です。

さかのぼれば、禅師の誕生した五六二年は、釈尊滅後千五百十一年目に当たると考えられていました。当時は釈尊の入滅は、紀元前九四九年と考えられていましたので、現在の定説とはずいぶんと隔たりがありますね。それはさておき、末法に入って十一年目に生まれた禅師は、激動の時代を生きることになりますが、末法到来を実感されていたことでしょう。道綽禅師のお言葉には、末法という時代、そして末法に生きる人間（機）という意識が強く、濃く感じられますね。

道綽禅師（3）

三《さん》不《ぷ》三《さん》信《しん》誨《け》慇《おん》懃《ごん》　像《ぞう》末《まつ》法《ほう》滅《めつ》同《どう》悲《ひ》引《いん》

【書き下し】

三不三信《さんぷさんしん》の誨《おしえ》慇懃《おんごん》にして、像末《ぞうまつ》・法滅《ほうめつ》同《おな》じく悲引《ひいん》す。

（『註釈版聖典』二〇六頁）

【現代語訳】

三信と三不信の教えを懇切に示し、正法・像法・末法・法滅、いつの時代においても、本願念仏の法は変らず人々を救い続けることを明かされる。

（『教行信証（現代語版）』一四九頁）

毎年四月には、多くの学生さんが入学してくれますが、新しい環境に早く慣れて、元気いっぱいの学生が見られる一方、初めての一人暮らしで、生活のリズムにもまだ慣れなくて、緊張や不安のほうが大きい様子の学生もいます。

龍谷大学では、新入生全員に、お釈迦さまのご生涯と親鸞聖人のご生涯やその教えを語る講義があります。その最初の講義で、私はいつも新入生に尋ねることがあります。その一つに、入学試験の時に合格祈願のお守りを持っていたかどうかです。「何でわざわざそんなことを聞くのだろう？　普通にみんなしてることなのに！」という表情で、手を挙げる学生がいます。また、少し恥ずかしそうに手を挙げる学生もいます。「親が持って行けと言うから、本意ではないけど、渋々持っていました」という気持ちでしょうか。中には、「実力で受験して合格をするんだから、合格祈願にも行ってませんよ」「浄土真宗では、お守りは持ちません」という表情の学生もいます。三者三様です。

三不三信誨慇懃

三信とは「淳心《じゅんしん》・一心《いっしん》・相続心《そうぞくしん》」のことです。三不三信とは、淳心・一心・相続心が全部そろっている状態（三信）と、三つともそろっていない状態（三不）のことです。

この三不三信については、「高僧和讃」に詳しく述べられています。その中に、「一者《いっしゃ》信心《しんじん》あつからず　若存若亡《にゃくぞんにゃくもう》するゆゑに」（『註釈版聖典』五八六頁）と、不淳について記されます。三重県津市にある真宗高田派のご本山である専修寺が所蔵する「国宝本」によれば、「若存若亡」の語の左側に細かな説明書き（左訓）があります。片仮名で表されていますが、平仮名と漢字まじりで表せば、「生きたるが如し存ぜるが如し死にたるが如し亡ぜるが如し」「ある時には往生してむずと思ひある時には往生はえせじと思ふを若存若亡といふなり」という左訓です。

淳心は「あつい」心です。不淳とは「あつくない心」ということです。「あつくない」とは、「生きたるが如し存ぜるが如し死にたるが如し亡ぜるが如し」とあるように、在ったりなかったり、ということです。阿弥陀仏のご本願を信じる心があったり、なかったりということですね。ご本願を信じる心がある時には、必ず阿弥陀仏の本願力によってお浄土に往生できるであろうと思います。けれども、ご本願を信じる心がない時には、お浄土に往生することができないだろうと思うのです。このような状態を、若存若亡（在ったりなかったり）というのです。往生できると思う時もあるけれども、往生できないと思う時もある場合には、ご本願を淳く信じているとはいえないのですね。

これは、私には厳しいお言葉のように感じます。いつも全く信じないのではなく、信じる時もあります。信じている時は、熱心に淳く信じているつもりです。熱心に信じている時もあるけれども、信じられない時もあるとすれば、それは淳心とはいえないのですね。

その理由が一心ではないからだと示されます。次のご和讃には、「二《に》者《しゃ》信心《しんじん》一《いち》ならず決定《けつじょう》なきゆゑなれば」（『同』五八六頁）とあります。一心とは一つに決まる、定まるということです。一つに決まらないということは、ご本願によってお浄土へ往生するという信心が決定していないからなのですね。

このことを同じご和讃で、「三《さん》者《じゃ》信心《しんじん》相続《そうぞく》せず　余《よ》念《ねん》間《けん》故《こ》とのべたまふ」と詠われます。一つに定まらないとは、余念間、つまり、他の想いが混じるということです。他の想いが混じらないとすれば、一つの想いがずっと続きます。これが相続心という心です。他の想いが混じる（不相続）ということは、一つに定まっていない（不一）ということです。一つに定まっていないということは、信じる時もあればそうでない時もある（不淳）ということです。

ほんのわずかな瞬間も途切れることなく信じることが、淳く信じるということです。淳く信じる心は、信心が一つに決定していますから一心ということができます。一心であれば、他の想いが混じらないので、相続心といえます。

つまり、淳心・一心・相続心とは別々の三つの心があるということではありません。これが次のご和讃にある「三信展転相成《さんしんてんでんそうじょう》す　行者《ぎょうじゃ》こころをとどむべし」ということです。三つの心が互いにすべて関わり合いながら成立するというのです。ですから、「淳心と一心はあるけれども相続心がない」などということはあり得ません。「一心に信じているけれども、淳心と相続心は残念ながらまだありません」ということもあり得ないのです。

三つの心の内、二つはあるけれども、一つだけ欠けているということはありません。

三つとも揃っているか、三つとも揃っていないかということになります。

はてさて、私たちはどうでしょうね。

像末法滅同悲引

淳心・一心・相続心の三信と、不淳・不一・不相続の三不の教えを、道綽禅師が懇切丁寧に示してくださいました。けれども、先にご紹介したご和讃には「鸞《らん》師釈《ししゃく》してのたまはく」という語があります。淳心・一心・相続心の三信は、実は、七高僧の第三祖である曇鸞大師の『論註』というお書物に示されているのです。では、なぜ「正信念仏偈」においては、道綽禅師を讃えるところで述べられるのでしょうか？

曇鸞大師（四七六〜五四二）と道綽禅師（五六二〜六四五）の生没年代に関係があるのでしょう。前にお話をしたように、道綽禅師の誕生された五六二年は、お釈迦さまがお亡くなりになった後、千五百十一年目に当たります。お釈迦さまの生没年代は、現在の定説とは異なります。また、正法と像法の期間についてもいくつかの説がありますが、道綽禅師は、末法に入って十一年目に誕生されたと考えられます。一方、曇鸞大師が亡くなられた五四二年は、像法の最終盤です。

親鸞聖人も末法に生きられたお方です。もちろん現代の私たちもそうです。親鸞聖人は、同じ末法になってから誕生された道綽禅師のお言葉として、三不三信を受けとめられたのですね。そして、正法・像法という良い時代の優れた方だけではなく、末法という時代、さらには、教え（法）すらも滅する法滅の時代も含め、いつの時代のいかなる人をも、阿弥陀仏のご本願は救い続けてくださると詠われるのです。

道綽禅師（4）

一生《いっしょう》造《ぞう》悪《あく》値《ち》弘《ぐ》誓《ぜい》　至《し》安《あん》養《にょう》界《がい》証《しょう》妙《みょう》果《か》

【書き下し】
一生《いっしょう》悪《あく》を造《つく》れども、弘誓《ぐぜい》に値《もうあ》ひぬれば、安養界《あんにょうかい》に至《いた》りて妙果《みょうか》を証《しょう》せしむといへり。

（『註釈版聖典』二〇六頁）

【現代語訳】
「たとえ生涯悪をつくり続けても、阿弥陀仏の本願を信じれば、浄土に往生しこの上ないさとりを開く」と述べられた。

（『教行信証（現代語版）』一四九頁）

作る時間と食べる時間

テレビを見ていると、「お客さんがおいしそうに食べてくれるのが一番うれしい」と料理人の方が話していました。ふと、以前に栃木県のお寺でいただいたおそばを思い出しました。大好物の一つなので、ズルズルっと音をたてて一気にいただきました。私が食べ終わるや否や、「こんなにおいしそうにおそばを食べてくれる人、初めてですよ。お代わりどうですか？」と声をかけていただき、お代わりもおいしくいただきました。

そんなことがありましたから、おいしく食べると、作ってくれる人が喜ぶとあらためて知ることができました。けれども、家族になると、また毎日のことになると、事情は少し違ってきますね。いつものように夕飯をおいしくいただいていたときのことです。「長い時間かかって作っても、アッという間に食べ終わってしまう」と少々、不満顔でした。おいしく感謝しながらいただいているのに、なにかしら気にさわったのでしょう。「もっとちゃんと味わって食べてほしい」という気持ちなのでしょうか。

確かにそうですね。お魚であれば、臭みを抜いたり、ウロコをとったりしてくれます。

お野菜でも、皮をむいたり、水に浸して柔らかくしたり、味付けをする前にも、下ごしらえが必要です。また、お台所にいきなり食材が並ぶはずはありませんから、買い物に行く手間や時間も必要です。今晩の食事は何を食べさせてあげようかなと思いながら、食材を選んでくれている時間も合わせれば、相当な時間ですね。そんな苦労があるので、不満を口にしたり、耳にしたり、多くの方が経験されているのではないでしょうか。

悪を造りつづける一生

まず、「一生造悪」から考えてみましょう。周囲にいる人を見渡すと、あの人は笑顔の素敵な優しい心の持ち主で、あの人にはかなわないなぁと思う人がいるのではないでしょうか。反対に、あの人はいつももめ事ばかりを起こして、まわりを巻き込んでいるから、あの人よりは私のほうがマシかなぁと思ったりもします。また、テレビや新聞で残虐な事件を知ると、こんなひどいことは自分は決してしないと思ったりもします。

けれども親鸞聖人は、一生造悪とおっしゃっています。一生涯、悪を造り続けるということです。悪については、五逆・十悪という言葉があります。十悪とは、十種類の悪い行為のことです。その一つに、殺生があります。生き物を殺すという行為です。ある掲示板の言葉にハッとさせられました。

いつのころからか
米・野菜・魚・肉が呼び捨てにされている
たかが「お」と笑うなかれ
「人のいのち」も軽視されている歴然たる証

以前であれば、また年輩の方であれば、「お米・お野菜・お魚・お肉」と呼ぶ言葉が、最近は、米・野菜・魚・肉というように、「お」を付けずに呼ばれることが多くなってきたということです。これは、動植物の命が軽んじられているだけではなく、「人のいのち」も軽んじられていることの証であるという警鐘です。なるほどそうかもしれません。

私たちは、毎日の食事において、動植物の命をいただいています。「食前のことば」に「多くのいのちと、みなさまのおかげにより……」と唱える通りです。きびしい言い方をすれば、動植物を殺生しているということです。動植物は殺生しても、人間についての殺生はしていないと断言できるでしょうか。

ある先生がご講演で、「噺家殺すにゃ刃物はいらぬあくび一つで……」という都々逸を紹介されていました。腹の底から笑ってもらおうと思って話をしているとき、お客さんがくすりとも笑わず、静かに聞き続けたとすればどうでしょう。噺家さんは生きた心地がしませんね。このことを、「殺すのに刃物はいらない」と表現されるのです。実際に刃物がなくても殺生ということはあり得るのではないでしょうか。

このように考えれば、日頃、さまざまな殺生に関係しているといえるでしょう。普段、大学で講義をしている時に、眠気に負けてしまう学生がいるとすれば、その学生に私は殺されているということができます。

いえ。自分を殺されている側で考えるより、他者を殺していることはないかと考えてみましょう。顔も見たくないほど苦手な人や嫌いな人がいるとすれば、「その人に会いたくない」「あいつなんていなくなればいいのに！」と思ったりすることがあります。刃物を出さなくても、また口に出さなくても、このような思いを心に抱くことも、広い意味で「殺生」ということができるのではないでしょうか。

大袈裟な受けとめ方かもしれませんが、私たちは日頃、いろんな場面でいろんな方に殺生の思いを抱いているのかもしれません。殺生に限らず、いろいろな悪を造りながら、一生涯を過ごしているのですね。

一生造悪と値弘誓

「弘誓」とは、阿弥陀仏の本願の心です。阿弥陀仏の本願は、弘《ひろ》い心であり、また誓いでもあるので、弘誓といわれます。ですから、弘誓に値う（値弘誓）とは、阿弥陀仏の本願の弘い心に出遇わせていただくということです。

私たちの日頃の感覚では、一生涯、悪を造り続けることと、阿弥陀仏の本願に出遇うということを天秤にかけた場合、どのように考えるでしょうか。一生涯という長さと、阿弥陀さまのお心をお聴聞する長さを比べた時に、圧倒的に一生涯の方が長いので、一生涯の悪の方が強く、短いお聴聞の方が弱いと考えてしまうかもしれません。造悪とお聴聞という私の行為として比べれば、そうかもしれません。

けれども、親鸞聖人は、たとえ生涯悪を造り続けても、阿弥陀仏の本願に出遇わせていただき、お浄土に往生し、仏さまにならせていただけると示されます。私の一生涯の造悪という行為と、阿弥陀仏の弘く大きな誓いと願いの心を比べれば、全く比較にならず、圧倒的に阿弥陀仏の本願が強いというのです。

私の一生涯の造悪という行為を恥じ、痛まなければいけませんが、それに引きずられて苦悩を続けなければならないと恐れる必要はないのです。この世の縁が尽きる時、お浄土（安養界）に往生させていただき、仏さま（妙果）と成らせていただけるのです。これほどの尊いお心はありません。

善導大師（1）

善《ぜん》導《どう》独《どく》明《みょう》仏《ぶっ》正《しょう》意《い》　矜《こう》哀《あい》定《じょう》散《さん》与《よ》逆《ぎゃく》悪《あく》
光《こう》明《みょう》名《みょう》号《ごう》顕《けん》因《いん》縁《ねん》

【書き下し】
善導《ぜんどう》独《ひと》り仏《ぶつ》の正意《しょうい》をあきらかにせり。定散《じょうさん》と逆悪《ぎゃくあく》とを矜哀《こうあい》して、光明《こうみょう》・名号《みょうごう》因《いん》縁《ねん》を顕《あらわ》す。

（『註釈版聖典』二〇六頁）

【現代語訳】
善導大師はただ独り、これまでの誤った説を正して仏の教えの真意を明らかにされた。善悪のすべての人を哀れんで、光明と名号が縁となり因となってお救いくださると示された。

（『教行信証（現代語版）』一五〇頁）

一、善導大師の時代

善導大師（六一三〜六八二）に入ります。七高僧の第五祖です。正信偈のお勤めは、草譜《そうふ》と行譜《ぎょうふ》が一般的です。どちらも、ここから音の高さや節が変わりますね。

私事になりますが、高校一年生の夏休みにお得度を受けさせていただきました。その習礼で、正信偈をお勤めしていた時のことです。善導大師のところまで進みますと、私たちの音がズレたのでしょうか、指導員の先生に「はい、もう一回！　最初から！」と言われてしまいました。

私たち習礼生は「もう少しで、最後なのに、また一から？」「え〜」と思いながら、そんな愚痴の声も上げられず、足はしびれを通り越して感覚がなくなるようでしたが、もう一度、最初から最後まで何とかお勤めをしたことを思い出します。今となってはよい思い出ですが、当時はつらかったです。

中国三祖と玄中寺

善導大師は、七高僧の中、中国では曇鸞大師（四七六～五四二）、道綽禅師（五六二～六四五）に次いで三人目です。この中国三祖は皆、玄中寺《げんちゅうじ》にゆかりがあります。道綽禅師は、玄中寺にある曇鸞大師の碑を見て、浄土教に帰依したといわれます。生没年代を見れば、曇鸞大師の没後、約二十年経ってから道綽禅師が生まれていますので、お二人は直接、出会っているわけではありません。一方、道綽禅師と善導大師は五十歳以上の年齢差はありますが、玄中寺におられた道綽禅師を善導大師が訪ね、直接、浄土教を学んだといわれます。大師が玄中寺を訪ねられたのは、二十六歳頃だといわれます。その時、禅師は七十七歳ですが、その後、禅師が八十四歳で往生される頃まで、大師は玄中寺に留まり、禅師から浄土の教えを受けたと考えることができます。

その後、大師は当時の都である長安の光明寺《こうみょうじ》・実際寺《じっさいじ》などに住み、時には終南山《しゅうなんざん》悟真《ごしん》寺《じ》に籠もるなどし、著作活動を行いながら、念仏の教えを多くの人々に説かれました。

親鸞聖人の師である法然聖人は、『選択本願念仏集』に「偏《ひとえ》に善導《ぜんどう》一師《し》に依《よ》る」（『註釈版聖典（七祖篇）』一二八六頁）と記されています。法然聖人が善導大師から大きな影響を受けられたことを知ることができます。その善導大師を讃えられる最初のご文が「善導独明仏正意《ぜんどうどくみょうぶっしょうい》」です。現代語訳にあるように、善導大師はただ独り、これまでの誤った説を正して仏の教えの真意を明らかにされたというのです。

独りということ

「独」という漢字を「独り」と読まれています。独という字の熟語を考えてみましょう。孤独・独居という熟語があります。また、独立・独唱・独吟などの熟語もありますね。孤独・独居は、独りぼっちで寂しいという印象の言葉です。文字通り、周囲に誰もおらず、独りで居る時に孤独を感じます。また、周囲に多くの人がいたとしても、会話がなかったり、心が通じ合うことがなければ、なおいっそう、孤独を感じることがあります。離れていても心の通じ合う仲間がいることは、大きな励みになりますが、毎日顔を合わせても、共感できることが少なければ、孤独や寂しさを感じます。私たちに常に寄り添ってともにいてくださる阿弥陀さまは、やはりかけがえのない仏さまですね。

一方、独立・独唱・独吟は、独りぼっちで寂しいといった印象はあまりありません。誰かに支配されたり、頼っていたりする状態から、独り立ちをすることが独立です。また、多くの人と一緒に歌うコーラス・合唱は楽しいですが、独りで発声する独唱・独吟は、聴衆の関心を一手に集めることができますから、独唱・独吟を独り舞台として好まれる方もいるでしょう。導師や調声《ちょうしょう》もその一つですね。得意な方がうらやましいです。

親鸞聖人は、善導大師を「独り仏の正意を明らかにせり」と讃えます。善導大師がただ独り、仏さまの本心を明らかにされたということです。これは、善導大師の著された『観経四帖疏《かんぎょうしじょうしょ》』にある次の言葉に依っているのでしょう。『観経四帖疏』は、『仏説観無量寿経』（観経）の註釈書です。その最後あたりに、「某《それがし》、いまこの『観経《かんぎょう》』の要義《ようぎ》を出《いだ》して、古今《ここん》を楷定《かいじょう》せんと欲《ほっ》す」（『註釈版聖典（七祖篇）』五〇二頁）とあります。古今とは、大師より前の時代と同時代ということです。大師の誕生は中国の隋王朝の時代ですが、大師が六歳の時に唐王朝が成立します。当時、『観経』の教えが人気のあった時代ですから、『観経』が盛んに講義されたようです。一流の学僧たちも『観経』の註釈書を著しています。けれども、それらはすべて、仏さま（釈尊）の真意・本心を明らかにするものではないから、私が『観経』の肝心・要の教義を取り出し、誤った理解を正して、正しい理解のお手本を示すと、力強く喝破《かっぱ》されるのです。

一流の学僧たちのどこが誤りで、何が正しいとおっしゃるのでしょうか？

それは簡単です。大師が道綽禅師から学ばれたことが正しいのです。末法の時代には、もはや聖道門は適した教えではないということです。聖道門ではなく、浄土門こそが、末法の時代と人間の能力にかなった教えということです。善導大師が誤りであると喝破したのは、聖道門の立場から『観経』を読もうとしている点なのですね。

お釈迦さまの唯我独尊

ここで思い出されるのは、お釈迦さまの四方七歩《しちぶ》の宣言です。お釈迦さまは、誕生されるやいなや、七歩、歩まれて、東西南北の四方に向かって「天上天下唯我独尊《てんじょうてんげゆいがどくそん》　三界《さんがい》皆苦我当安之《かいくがとうあんし》」と高らかに宣言されたと伝えられています。お釈迦さまご自身が、私がこの世で最も尊いと宣言されるのです。私がそんなことを言うと、「偉そうに」と総スカンをくらいますが、お釈迦さまは違います。それは、お釈迦さまが明らかにしてくださった仏教の教えは、すべての世界（三界）に生きるものは皆、苦しみの存在であるが、そのすべての者の苦しみを取り除き、安らぎを与えることができるからなのです。

一部の特定の人の苦しみを取り除くのではありません。すべての人に等しく迫り来る「苦悩」を、すべて等しく取り除き、安らぎやよろこびを与える教えが仏教だということです。そのお釈迦さまの真意を、善導大師が独り、明らかにされたというのです。つまり、善導大師は、能力の長けた一部の人のための仏教ではなく、すべての人の苦悩を解決してくれる仏教を語られたということになります。それが続く「矜哀定散与逆悪《こうあいじょうさんよぎゃくあく》光明名号顕因縁《こうみょうみょうごうけんいんねん》」のご文です。

二、善導大師があきらかにされたこと

あるご門徒の七回忌のご法事がありました。おつとめの後、お茶をいただきながら話をしていた時、「もうそろそろ、お風呂に入らなアカンね」と八十代の女性がおっしゃったのです。なぜかなぁと思い尋ねてみると、ご主人が亡くなられて丸六年が経ちますが、ずっと家のお風呂に入ることができなくて、銭湯に通われているのだそうです。

それで、ご主人が亡くなられた時のことを思い出しました。月参りに寄せていただいた時はお元気でしたが、その十日後に、亡くなられたという電話をいただいたので、よく覚えています。

いつものように夕食が済み、しばらくテレビを見ながらくつろいだ後に、ご主人はお風呂に入られたそうです。しばらく時間が経ち、「いつもよりもゆっくりだなぁ」と奥さまは思ったそうですが、そのまま居間でテレビを見ていました。でも、「ちょっと長

すぎるなぁ」と思って心配になって見に行くと、すでに浴槽で亡くなられていたのです。それから、独りでそのお風呂に入ることができず、ずっと銭湯に通われていたのです。そういえば以前、銭湯の前でお会いした時、「あっ、今日は銭湯ですか。いいですねぇ」と声をかけてしまったことを思い出し、お詫びしました。

長年連れ添ったご主人が亡くなったお風呂に、一人で入ることができない気持ち。少し想像すればわからないことではありませんが、何気なくひどい言葉をかけてしまったのです。毎月のお参りで顔を合わせているのに、ずっとそのような気持ちでおられたことに気づかずに過ごしていました。

相手のことをわかったような気になっていましたが、なかなか、相手の気持ちを本当に知ることは難しいですね。相手の立場になって物事を考えようとしてはいるのですが、なかなか本当に相手の立場に立つことも難しいですね。

矜哀定散与逆悪

矜哀とは、矜も哀も、あわれむということです。「定散と逆悪とを矜哀して」の語は、現代語では「善悪のすべての人を哀れんで」と訳されています。ここでは、定散と逆悪について、話をしたいと思います。

定散とは、定善と散善という二つの善行のことです。『観経』に説かれていることです。善導大師は『観経』を註釈して『観経四帖疏』を著されました。

定善とは、『浄土真宗辞典』（三五八頁）には「心を一つの対象に集中し、雑念を払い心を凝《こ》らして仏・浄土などを観察する行のこと」と説明されています。善導大師は、「息慮凝心《そくりょぎょうしん》」と表されます。慮《おもんぱか》りを息《や》めて心を凝らすということです。私たちが本堂やお仏壇の前で合掌礼拝する時、アレやコレやと他のことを想い浮かべることなく気持を集中して、阿弥陀さまやお浄土について観察をしましょうということです。

恥ずかしながら、日頃の私は、常に集中しているとはなかなか自信を持っていうことができません。夕方、本堂でお勤めをしている時においしそうな煮付けの香りやお味噌汁の香りが漂ってくると、「あっ、今晩のご飯は何かなぁ」と考えてしまうことがあります。毎月のお参りに寄せていただき、読経の最中に、コーヒーの香りが漂ってくると、「あっ、今月はコーヒーを出してくださるのかなぁ」などと想い浮かべてしまいます。なかなか、心を集中してということは難しそうです。

また散善とは、『浄土真宗辞典』（二五〇頁）には「定善に対する語。散心のままで、悪を止め善を修める行のこと」と説明されています。阿弥陀さまやお浄土を目の前にして、心を集中することができないことを「散」といいます。心が散漫になるという時の「散」ですね。散善のことを、善導大師は、「廃悪修善《はいあくしゅぜん》」と表されます。善悪の基準は、人によってさまざまです。時代や年齢・文化に応じて、さまざまな基準がありますが、一つの逆悪の基準として、五逆や十悪を考えることができるでしょうか。

一般には、次の五つを五逆と数えています。

①殺父《せっぷ》（父を殺すこと）

②殺母《せつも》（母を殺すこと）
③殺阿羅漢《せつあらかん》（阿羅漢を殺すこと）
④出仏身血《しゅつぶっしんけつ》（仏の身体を傷つけて出血させること）
⑤破和合僧《はわごうそう》（教団の和合一致を破壊し、分裂させること）

この他に、次のような大乗の五逆もあります。

①塔寺を破壊し、経蔵を焼き三宝の財宝を盗むこと。
②声聞・縁覚・大乗の教えをそしること。
③出家者の修行をさまたげること。また、出家者を殺すこと。
④小乗の五逆。
⑤因果の道理を信じず、十不善業をなすこと。

親鸞聖人はこの両者を、『教行信証』（『註釈版聖典』三〇三頁）に紹介されています。

また、十悪とは次の十です。

①殺生《せっしょう》（生きものを殺す）
②偸盗《ちゅうとう》（ぬすみ）
③邪婬《じゃいん》（よこしまな性の交わり）
④妄語《もうご》（うそいつわり）
⑤両舌《りょうぜつ》（人を仲たがいさせる言葉）
⑥悪口《あっく》（ののしりの言葉。あらあらしい言葉）
⑦綺語《きご》（まことのないかざった言葉）
⑧貪欲《とんよく》（むさぼり・我欲）
⑨瞋恚《しんに》（いかり）
⑩愚痴《ぐち》（おろかさ・真理に対する無知）

これらの五逆や十悪を悪業と考えることができます。またこれらの逆を善業と考えればよいでしょう。

冒頭にご門徒との会話を紹介しました。何気ない思いで話しかけた言葉が、ひどく傷つける言葉になってしまったことでしょう。⑥の悪口にあたるでしょう。

また、好意で励まそうとする言葉が、相手をいら立たせたり立腹させたりすることがあります。相手に⑨の瞋恚という怒りや腹立ちの思いを抱かせてしまえば、これも結果的には⑥の悪口にあたるでしょう。

道綽禅師を讃えるご文の中にも「一生造悪」とありました。私たちは、このような悪を造りながら生きているのですね。生きていくためには、悪を造らずに生きていくことはできないのでしょう。

阿弥陀仏は、定善や散善という善行を行うことができる者も、それらの善行ができず、五逆や十悪を造る者も、すべての者をあわれんでおられるのですね。阿弥陀さまが、光明と名号によって、私たちをすくおうとはたらき続けてくださるのです。

三、阿弥陀さまの光と喚び声に導かれて

善光寺にて

私は龍谷大学で、真宗学の講義を担当しています。日頃は、お聖教を読みながら教室で講義をしていますが、毎年、夏から秋にかけて、他の先生方や学生たちとともに、浄土真宗ゆかりの聖跡などを参拝する研修旅行があります。

私自身が学生の頃は、親鸞聖人が四十代、五十代の頃に過ごされた関東のご旧跡や、蓮如上人ゆかりの吉崎御坊にお参りしました。また、「海外の仏教事情を学ぶ」と称して、台湾や北米（ロサンゼルス）を訪れることができました。初めての海外旅行も、この学会研修でした。先輩や後輩とも親しく過ごせた、楽しい思い出です。

その後、私が教員となって、今度は学生たちを引率する側になったときのことです。長野県の善光寺に参拝しました。有名な「お戒壇《かいだん》巡り」も終え、門前のおそば屋さんで

おそばをいただいていたときのことです。少しざわついていたので、何かと思うと、学生がトラブルを起こしてお寺の方に叱られたようです。

「お戒壇巡り」の最中に、携帯電話を取り出し、フラッシュを光らせたとのことでした。「お戒壇巡り」とは、ご本尊の下の真っ暗な回廊を手探りで歩くのです。

大阪に住む私は、日頃は真っ暗闇を体験することがほとんどありません。昼間の時間帯はもちろんですが、夜中・深夜でも、真っ暗闇ではありません。二十四時間のコンビニエンスストアもありますし、道路には信号があり、走る車もライトを点けています。

親鸞聖人ご在世の頃は、日が沈めば夜になり、月明かりや灯明の明かりしかありませんでした。夜は闇という感覚があったのだろうと思います。

善光寺の「お戒壇巡り」は、真っ暗闇を体験するよい機会だったのですが、学生にとっては、よほど怖かったのかもしれません。思わず携帯電話でフラッシュをたいたのでしょう。けれども、闇を体験する場を台無しにしてしまう行為ですから、お叱りを受けるような恥ずかしいことでしたが、闇の怖さを感じた一つの思い出として、紹介させていただきました。

迷子の気持ち

八月は、学生や子どもたちにとっては夏休み真っ盛り。人が大勢集まる所に行くと、迷子のアナウンスを聞くことがあります。

子どもが迷っているときは、周りに大勢の人がいますが、知っている人は誰もいないのですから、よけいに不安になりますね。そんなときに、一番大好きな親が、必死で自分の名前を呼んでくれている聞き慣れた声を耳にすると、それまでの不安が一気に消えて、ホッと安心することができます。

親のほうも同じ気持ちでしょう。見つかるかどうかわからずに、「けがをしているんじゃないだろうか」「どこかに連れて行かれたんじゃないだろうか」「呼んでも聞こえない所にいるんじゃないだろうか」と不安なまま、できる限りの大きな声で子どもを呼ぶ声が子どもに届いたときに、親もホッと安堵するのでしょう。

「離れたらダメって言ったでしょう」と親に叱られ、泣きながら親に甘えて抱きついてる子どもを見ると、ほんわかとした気持ちになります。大人になれば、叱られた相手の胸で涙を流して甘えることはなかなかありません。

子どもは純粋な一面があるから、美しいのでしょうね。

お盆に思う

「お戒壇巡り」の話に戻りますが、まさに真っ暗闇でした。また、他の人には真っ暗ではない明るい場所でも、自分には真っ暗に感じるときもあります。思い通りにいかないことが重なり、次に何をどうすればよいのか方向性も見つからないときには、「もう目の前、真っ暗や」と感じたり、「お先、真っ暗だ」と口にしたりする場面がそうですね。

こんな時に、自分のするべきことや、進むべき方向を示してくれる言葉があれば、「お先、真っ暗」ではなくなりますね。「一筋の光明が見いだせた」という心境になります。

浄土真宗は異なりますが、世間ではお盆のお荘厳に、キュウリとナスに割り箸を刺し、それぞれ馬と牛に見立てています。お盆のはじめには、馬に乗って早くご先祖にかえってきてほしいと願い、お盆が終わると、牛に乗ってゆっくりと戻ってほしいという願いが込められているようです。また、迎え火や送り火をともし、迷わずにかえってきて、迷わずに戻ってほしいと願うようです。

また、葬儀の折に、それまで使っていた茶碗を割ったり、棺を数回グルグルと回してから出棺するような習わしが以前はよくありました。故人がこの世に戻って来ないように、道をわからなくするためにグルグルと回します。茶碗を割るのは、故人がかえってきても使う茶碗はもうないから、かえってこないように、という思いが込められているのでしょう。

葬儀の時に棺を回すことは、「かえってこないでほしい」という思いです。馬に見立てたお供えは、「早くかえってきてほしい」という思いです。

世間の習慣や風習を無下に否定するわけではありませんが、私たちが何気なく行っていることは、つじつまが合わず、筋道が通らないことが多いのです。

今ここに生きている私は、年齢だけは立派な大人です。けれども、迷子の子どもに等しく、行く先を知らずに迷っている不安な私といえそうです。迷っている私に対して、私の名（たまきこうじ）を呼びながら、「たまきこうじ、必ず救うぞ」と叫び続けてくださっている喚び声を、名号というのですね。

また、私の行く先を示してくださっている明かりが、阿弥陀さまの光明なのです。阿弥陀さまの光明は、煩悩を抱えている私の姿を照らしてくださいます。阿弥陀さまの光明に照らされるからといって、煩悩がきれいになくなるわけではありません。煩悩を捨て去ることはできません。けれども、煩悩に引きずられて迷いを繰り返すことはありません。阿弥陀さまの光明に導かれて、必ず間違いなく、お浄土に往生させていただくのです。

亡き方を思い、亡き方をお浄土に導いた阿弥陀さまの光と喚び声を思い、私を喚び続け、私を照らし続けてくださる阿弥陀さまを思いながら、日々を過ごさせていただきましょう。

善導大師（2）

開《かい》入《にゅう》本《ほん》願《がん》大《だい》智《ち》海《かい》　行《ぎょう》者《じゃ》正《しょう》受《じゅ》金《こん》剛《ごう》心《しん》
慶《きょう》喜《き》一《いち》念《ねん》相《そう》応《おう》後《ご》　与《よ》韋《い》提《だい》等《とう》獲《ぎゃく》三《さん》忍《にん》
即《そく》証《しょう》法《ほっ》性《しょう》之《し》常《じょう》楽《らく》

【書き下し】

本願《ほんがん》の大智海《だいちかい》に開入《かいにゅう》すれば、行者《ぎょうじゃ》まさしく金剛心《こんごうしん》を受《う》けしめ、慶喜《きょうき》の一念相応《いちねんそうおう》して後《のち》、韋提《いだい》と等《ひと》しく三忍《さんにん》を獲《え》、すなはち法性《ほっしょう》の常楽《じょうらく》を証《しょう》せしむといへり。

（『註釈版聖典』二〇六頁）

【現代語訳】

「本願の大いなる智慧の海に入れば、行者は他力の信を回向され、如来の本願にかなうことができたそのときに、韋提希と同じく喜忍・悟忍・信忍の三忍を得て、浄土に往生してただちにさとりを開く」と述べられた。

(『教行信証(現代語版)』一五〇頁)

一、本願の海

シルバー川柳

公益社団法人・全国有料老人ホーム協会が主催している「シルバー川柳」から、お話を始めましょう。

手をつなぐ昔はデートいま介護

老老介護という言葉があります。若い子や孫が介護をすることができず、年老いた夫婦が、連れ合いを介護する様子をうたった川柳です。昔はデートをする時に手をつないでいましたが、今は、介護をする時に手をつなぐというのですね。

確かめるむかし愛情いま寝息

隣に寝ている連れ合いのいびきや寝息が、ふだんは聞こえてくるのでしょう。ところが、ふと夜中に目が覚めて隣を見ると、あまりにも静かな眠り。ひょっとしたら……と不安になり、呼吸を確かめるようになってきたのですね。

悲哀を感じさせる川柳ですが、連れ合いとともに暮らしている方がよまれる川柳でしょう。連れ合いが亡くなれば、このような内容もうたうことができませんね。

次の川柳は、年齢を重ねて初めて気付くことがある世界をよまれたものです。

何事も自分の力＝独力でやり抜くことが格好がいいと、若い時分には思いがちですが、少しずつ年を重ねれば、これまで一人でやってきたと思っていたことが、実はそうではないことに気付かされます。知らないところで知らない人に、いろいろな手助けや支えをいただいていたことに気付かされます。

本願の大智海

これまでにも話したことですが、親鸞聖人はたくさんのお書物の中、「海」の語を多く用いられます。正信念仏偈では、全部で五回ですが、「開《かい》入《にゅう》本《ほん》願《がん》大《だい》智《ち》海《かい》」が最後の五回目です。

一つ目二つ目は、この二つです。

唯《ゆい》説《せつ》弥《み》陀《だ》本《ほん》願《がん》海《かい》　五《ご》濁《じょく》悪《あく》時《じ》群《ぐん》生《じょう》海《かい》

これらは、お釈迦さまの出世本懐《しゅっせほんがい》（この世にお生まれになった懐深くにある本当の思い）の場面です。

三つ目は、

凡《ぼん》聖《じょう》逆《ぎゃく》謗《ほう》斉《さい》回《え》入《にゅう》　如《にょ》衆《しゅ》水《しい》入《にゅう》海《かい》一《いち》味《み》

と表されます。私たちの目から見れば凡夫と聖者（凡聖）は大きな違いがありますが、それらは皆、阿弥陀さまの海に入ることができると明かされています。

四つ目は、

帰《き》入《にゅう》功《く》徳《どく》大《だい》宝《ほう》海《かい》

です。阿弥陀さまの願い（本願）が、不実のかけらもなく、真実で満ち満ちているということです。

これら四つの海は、阿弥陀さまの真実と、私たちの煩悩を、どこまでも果てしなく続く大海のようであるとおっしゃるのです。

本願の大智海とは、やはり、阿弥陀さまの智慧の心を、海にたとえておられるのです。阿弥陀さまの心に触れるということは、それまで見えていなかった自分自身のことを知らされ、ありのままの自分自身のすがたに気付かされるということです。

開入

本願の大智海に開入するとは、阿弥陀さまの広い心に入るということです。入るということを「開入」と表されています。開入という熟語を読むとき、「開き」「入る」と読んでしまいがちですが、そうではありませんね。なるほど、入るのは私たちが入るのです。私たちが阿弥陀さまのお心に入るのです。けれども、「開」は、私たちが阿弥陀さまのお心を開けるのでしょうか？
私はそうではないと思います。
阿弥陀さまの開かれたお心のことを、「開」と表されていると受けとめたいのです。
阿弥陀さまが、私たち凡夫に対して、お心を開いてくださっているのです。
狭い門、閉じられた門を、私たちが力ずくでこじ開けるのではありませんね。
親鸞聖人の記されたお手紙（御消息第六通）に次のような言葉があります。

わが身《み》のわるければ、いかでか如来迎《にょらいむか》へたまはんとおもふべからず。凡夫《ぼんぶ》はもとより煩悩具足《ぼんのうぐそく》したるゆゑに、わるきものとおもふべし。（『註釈版聖典』七四七頁）

これは建長七歳（一二五五年）十月三日のお手紙です。親鸞聖人八十三歳の時です。
自力と他力について述べられた後のご文です。
東国のご門弟から届いた質問状と、それに対する親鸞聖人のお返事がセットで残るものもありますが、このお手紙はそうではありません。けれども、質問の内容を想像すると、こんなことかもしれません。

「阿弥陀さまは、広い本願のお心で、それまでの仏教では救われることのない衆生をおすくいになると聞かせていただきました。けれども、私のような最低最悪の人間は、さすがの阿弥陀さまも救ってくださらないでしょうね。さすがの阿弥陀さまも、見放すような私は、最低最下の悪人です」

想像をたくましくし過ぎるといけませんが、このような主旨の質問ではなかったかと思います。このようなお手紙を受け取られた親鸞聖人は、先のようなお返事をしたためられました。「現代語版」を手がかりにしましょう。

この身が悪いから、阿弥陀仏が迎え取ってくださるはずがないと思ってはなりません。凡夫はもとより煩悩を身にそなえているのですから、自分は悪いものであると知るべきです。

（『親鸞聖人御消息（現代語版）』二一頁）

さすがの阿弥陀さまも、あきれて見放すだろうと思ってはならないと断言されています。そもそも凡夫は悪いものであり、悪い凡夫のための阿弥陀さまなのだから、見放されるだろうと心配や不安に感じる必要はないと、あたたかくお返事なさいます。

このお心が、「定散と逆悪とを矜哀」するということです。五逆や十悪を犯す者にも、大きく開かれたお心なのです。大きく心を開いて、私たちを迎え包もうとしてくださる阿弥陀さまのお心に気付き、その懐に摂め取っていただくことを、開入と示されたとうかがいたいと思います。

二、ゆるぎない心

北米の十日間

二〇一七年八月の後半、引率の先生と十五人ほどの大学院生とともに、十日間ほど北米開教区（米国）を訪問しました。サンフランシスコに四日間、ロサンゼルスに三日間滞在し、サンフランシスコでは、サンフランシスコ仏教会や、龍谷大学のオフィスも入っている浄土真宗センター、カリフォルニア大学バークレー校などを訪れました。ロサンゼルスでは、ロサンゼルス別院やオレンジ郡仏教会などに参拝しました。

アメリカの地で「大乗」を購読され、当時私が連載をさせていただいていた「わたしの正信偈」を読んでくださっているご門徒もおられ、感激したことです。そして懐かしい先生や先輩・後輩、親戚との再会などがあり、また、熱のこもった講義を拝聴したり、貴重な体験をさせていただきました。

日本では住職が転々と替わることは少なく、同じお寺での活動がずっと続く場合がほとんどだろうと思いますが、開教使の先生方は、別院・仏教会を移りながら、大変なご苦労をされていることが印象的でした。

地域に根付いた活動を行うために、それまでに行われていた行事を行いつつ、それまでには行っていなかった行事を行った事例なども、講義の中で紹介されました。

地域の方々とのふれあいを通して、お寺の活動にも関わっていただけるようになり、大変なご苦労ですが、大きなやりがいもある役割だと感じさせていただきました。

あっと言う間に十日間が過ぎ、帰国して最初の晩、すぐに眠りにつくことができたのですが、夢にうなされて汗びっしょりになり、目が覚めました。

夢の内容ははっきりとは覚えていないのですが、お寺を訪ねて来られたご門徒と話をしている夢でした。苦労・苦心をしながら、工夫を凝らして熱心に活動をしている開教使さんに影響を受けたせいか、お寺の活動が十分にできていないとの思いや、もっといろんな工夫をしながら、ご門徒に喜んでいただけるお寺にならないといけないという気持ちがあったのかもしれません。それほど大きく、心を揺さぶられた十日間でした。

私がお得度を受けて僧侶とならせていただいたのは、十五歳（高校一年生）の夏でした。ご門徒のお宅に初めて参らせていただいたのは、十八歳（大学一年生）の夏でした。龍谷大学大学院に通い、本格的に仏教・浄土真宗の勉強が始まったのは、二十二歳の春でした。龍谷大学や中央仏教学院で教壇に立ち、初めて講義や法話をさせていただいたのは、二十七歳でした。龍谷大学に勤め始めたのは三十二歳でした。

私はその時々に志した事柄があります。相当な努力を続けても達成困難に思える大きな目標を立てました。また、割合簡単に達成できそうな小さな目標も立てました。「よし、これくらいはそれほど難しくないから、頑張るぞ」と心に誓うのですが、小さなことでも続けることは、なかなか難しいことです。お恥ずかしいことです。

意志の弱い私は、なかなか初志貫徹することができません。けれども、「一つくらいは目標に達したいなぁ」「お浄土で親鸞聖人にお会いさせていただくことができた時に、顔向けできないような生き方はしたくないなぁ」と、気持ちを新たにさせていただいた貴い北米研修の十日間でした。

行者が金剛心を受ける

金剛心について、『浄土真宗辞典』(二二二頁)には「阿弥陀仏の本願を信じる心」「他力回向の信心は、その本質が仏智であって、何ものにも破壊されず、堅固不動であるから、金剛にたとえる」と説明されています。

阿弥陀さまの本願を信じる心は、その本質が阿弥陀仏の智慧であるから、決して壊れることがなく、堅い固い心であるという説明です。どんなことがあっても、どんな逆境に置かれたとしても、堅く固く阿弥陀さまの本願を信じることができるということです。それは、その本質が、阿弥陀さまの智慧の真実だからなのですね。

私が正信偈を拝読する時、「その本質」の語を意識しながら、有り難くいただいています。「その本質」という点に注目したいと思います。

親鸞聖人は、「行者が金剛心を受ける」と表現しておられます。

「行者」の語を見ると、オヤッ?! という違和感を感じられる方があるかもしれません。浄土真宗では、さとりを開くための厳しい修行は語りませんね。阿弥陀さまの本願を信じさせていただくことが何よりも大切ですから、「行者」ではなく、私たちは日頃、「信者」という言葉を用いているかもしれません。けれども親鸞聖人は、「信者」よりも「行者」の語を多く用いておられます。

では、行者とはどのような方のことでしょうか。

「行者正受金剛心《ぎょうじゃしょうじゅこんごうしん》」ですから、金剛心を受ける方ですね。つまり私たち衆生です。私たち（行者）が金剛心を受けると表しておられますから、すぐに、私の心を金剛心と読みかえるのではなく、まずは、阿弥陀さまのお心を金剛心と受けとめたいと思います。阿弥陀さまの大きなお心は大きな慈悲（大悲）のお心です。

行者とは、阿弥陀さまの大悲心を受ける者のことです。『教行信証』に「大悲《だいひ》を行《ぎょう》ずる人《ひと》と名《な》づく」（『註釈版聖典』二六〇頁）とも示されます。

私たちは、仏教を学び、仏道を歩ませていただく身ですから、慈悲の心は大切な心です。けれども、大きな慈悲を持つことはなかなか容易ではありません。慈悲を抱く相手を限定してしまうからです。

もし、電車に座席が一つしか空いていなければ、私は身体の弱っている自分の親に座らせたいと思ってしまいます。老齢の親を立たせたまま、どなたかに「どうぞ座ってください」と言うことはできません。慈悲を抱く相手を選び、限定してしまいます。

けれども、その慈悲を抱く親しい相手にさえも、厳しい思いや言葉を投げつけてしまうこともあります。これでは、到底、大悲とは言えません。小さな慈悲すらも危ういと言わねばなりません。だからこそ、阿弥陀さまが私を、この私を憐れみ、どんなことがあろうとも、必ず私を救うと堅く固く誓ってくださっているのです。

阿弥陀さまの大悲は、慈悲をかける相手を選びません。後先や前後もありません。阿弥陀さまの強く大きなお心を受けとめさせていただくことが、「如来の本願にかなう」という「慶喜の一念相応」するということです。

三、観無量寿経を読み解けば

王舎城の悲劇

まず、韋提希夫人《いだいけぶにん》の話から始めましょう。善導大師が著された『観経四帖疏』は、

『観経』の註釈書です。『観経』の初めには、有名な王舎城《おうしゃじょう》の悲劇について述べられています。韋提希夫人は、その登場人物のお一人です。『観経四帖疏』にも依りながら、簡単にストーリーをご紹介しましょう。

韋提希夫人と、夫である頻婆娑羅王《びんばしゃらおう》の間には、阿闍世《あじゃせ》という息子がいました。阿闍世は悪友である提婆達多《だいばだった》に、出生の秘密を知らされます。長らく子宝に恵まれなかった両親が、占い師の助言に従い、懐妊しますが、将来、親に刃向かう子となるという予言を聞き、高いところから産み落とし、殺そうとしたという秘密です。

それまで王子として大切に育てられてきた阿闍世ですが、その事実を聞いて、怒り心頭、父である王を牢獄に幽閉してしまいます。直接、父の命を奪うことはできずに、餓死させようということです。けれども、母である韋提希夫人が、こっそりと食事を運び、また牢獄から釈尊のお弟子の目連尊者《もくれんそんじゃ》や富楼那《ふるな》尊者の説法を聴聞することができた頻婆娑羅王は、心身ともに穏やかに過ごすことができました。

父の様子を知った阿闍世は、今度は、母に怒りの矛先を向け、母をも牢獄に閉じこめてしまいました。牢獄にいる韋提希夫人は、心身ともに疲れ果ててしまいます。そして、遙か彼方におられるお釈迦さまに説法を請われます。

韋提希夫人の願いに応じて眼前に現れたお釈迦さまに向かって、韋提希夫人がつぶやいた言葉は何でしょうか。

世尊《せそん》、われ宿《むかし》、なんの罪《つみ》ありてか、この悪子《あくし》を生《しょう》ずる。世尊《せそん》また、なんらの因縁《いんねん》ましましてか、提婆達多《だいばだった》とともに眷属《けんぞく》たる。……

（『註釈版聖典』九〇頁）

世尊、わたしはこれまでに何の罪があって、このような悪い子を生んだのでしょうか。世尊もどういった因縁があって、あのような提婆達多と親族でいらっしゃるのでしょうか。……

（『浄土三部経（現代語版）』一六一頁）

悲しみのどん底に突き落とされた韋提希夫人の、自身を嘆く言葉と、お釈迦さまに対する愚痴の言葉です。

「わが子を高所から産み落とそうとしたという出生の秘密はありましたが、夫である頻婆娑羅王も私もあふれんばかりの慈愛の思いでわが子を大切に育ててきました。にもかかわらず、こともあろうに、そのわが子に夫も私も牢獄に幽閉されてしまいます。

このような悪い子どもがどうして私たちの子どもなのでしょうか？

私たちにどんな罪があって、このような悪い子を生んでしまったのでしょうか？

どうして悪い子に育ってしまったのでしょうか？」

わが子に関する答えのない「？」がわき出ています。自己中心的な問いということもできるでしょう。

また、わが子をそそのかした提婆達多とお釈迦さまが親族であることにも、不満の矛先が向けられます。それが何の解決にもならないことは、韋提希夫人は百も承知でしょう。けれども、口にせずにはおられなかったのでしょう。

お釈迦さまは、この韋提希の言葉を聞かれても、一言もおこたえになりません。じっと、韋提希夫人の次の言葉を待たれます。いわば無言の説法です。

熱心に、雄弁に、言葉巧みに教えてもらい、深く理解し、感動する時があります。一方、こたえていただけないことで、考えさせられる時もあります。

質問がこたえるに値しない場合があるかもしれません。今の韋提希夫人はそうではありませんね。韋提希夫人が心の底から嘆きの声を叫んでいるのです。意味のない、つまらない問いでは決してありません。

韋提希夫人自身、こたえてもらおうと思って発した問いではないでしょう。つらく、苦しく、寂しいさなかに発せられる問いは、聞いても詮ない問いであると気づき、韋提希夫人は、次に、お釈迦さまに説法を請われます。

わがために広《ひろ》く憂悩《うのう》なき処《ところ》を説《と》きたまへ。われまさに往生《おうじょう》すべし。

（『註釈版聖典』九〇頁）

わたしのために憂いも悩みもない世界をお教えください。わたしはそのような世界に生れたいと思います。

（『浄土三部経（現代語版）』一六二頁）

お釈迦さまの説法を通して、阿弥陀仏を目の当たりにされた韋提希夫人は、喜忍《きにん》・悟忍《ごにん》・信忍《しんにん》の三忍を得られます。

喜忍とは、歓喜の想いです。韋提希夫人が、お釈迦さまの説法を聞き、喜ぶ心です。

悟忍とは、苦しみのどん底にいる韋提希夫人が、お釈迦さまに自己中心的な問い、答えのない問いをしたことを知らされ、阿弥陀さまのはたらきにしっかりと包まれていることをはっきりと知る心です。

信忍とは、本願のはたらきを信じ、阿弥陀さまのお浄土に往生させていただけると信じることのできた安心の心です。

韋提希夫人が三忍を得られたと同じく、信心の行者も、他力の信を回向され、三忍を得ると述べられるのです。

韋提希夫人と阿闍世

長くなりましたが、以上が、王舎城の悲劇と韋提希夫人の三忍です。これを読みながら、何を感じられたでしょうか。息子に刃向かわれた親の立場で、この悲劇を読まれる方もいらっしゃるかもしれません。逆に、親に刃向かった子どもの立場で、この悲劇を読まれる方もいらっしゃるかもしれません。

前者であれば、韋提希夫人が、苦悩のどん底で答えのない問いを発し、責める道理もない釈尊を責める言葉を発した点が、大切な味わいになるのではないでしょうか。自己中心的な思いで、自身を被害者のように感ずるとすれば、それは他者（わが子）を責める心になってしまうのではないでしょうか。

また、後者であれば、子を思う慈愛に満ちた親心をないがしろにするという、やはり、自己中心的な思いで、他者（親）を責める心になってしまうのではないでしょうか。

いずれにせよ、他者を責める自己中心的な心が、阿弥陀仏の心に包まれていたと気づかされる時に、韋提希夫人と同様、三忍を得ることができるのですね。

韋提希夫人は、牢獄にいる身ですから、どのような行もすることができません。布施などの六波羅蜜の行をすることはできません。ただただ、釈尊の説法を聞かれるだけです。釈尊の説法を通して、阿弥陀さまの心に触れるのです。お聴聞にきわまるという浄土真宗の真髄があらわされていると受けとめられると思います。

四、悪を作り続けるのは誰か

自分の話をしないとダメでしょ！

あるお寺の報恩講にご縁をいただき、二日間四座八席のご法話をさせていただきました。ご住職には、二人のお子さんがいらっしゃり、小学三年生のお兄ちゃん・S君と、幼稚園年長さんの妹・Sちゃんです。土曜日、日曜日に寄せていただいたので、小学校も幼稚園もお休みだったのでしょう。二人のお子さんは二日間ともお寺にいました。

ご住職も坊守さんも忙しくされていたからでしょうか、Sちゃんが私の控え室に来て、私の相手をしてくれました。四月から小学校に通うので、好きなランドセルを買ってもらったことなどを、うれしそうに話してくれました。また、好きなアニメのキャラクターの絵を描いたりして遊んでくれました。

お兄ちゃんは、私の休憩の邪魔をしてはいけないなぁと思うからでしょうか、遠慮がちに控え室に入ってきて、二人並んで一生懸命に絵を描いている姿を、ほほ笑ましく見ていました。

時間になると、お兄ちゃんは、きっちりと装束を整えて正信念仏偈を大きな声で立派にお勤めしてくれました。「お兄ちゃん大きな声で上手にお勤めしてるねぇ」とSちゃんに話しかけると、Sちゃんから、「せんせい、次はどんなお話をするの？」と尋ねられました。

かわいいSちゃんを見ながら、「Sちゃんの話をしようかなぁ」と答えると、「Sの話をしてもダメでしょ。自分の話をしないとダメでしょ」と返されてしまいました。

一本とられてしまいました。

「浄土真宗の聴聞の心得」といわれる三カ条があります。

・この度のこのご縁は初事と思うべし。
・この度のこのご縁は我一人の為と思うべし。
・この度のこのご縁は今生最後と思うべし。

二番目の「我一人の為と思うべし」とは、ご法話を他人事として聞くのではなく、自分のこととして聞くことが大切だと言うことですね。

私がご法話をさせていただくとき、Sちゃんの話をするのではなくて、私自身の話をしないといけないでしょ！　と言われ、一本とられましたが、すがすがしい思いでご法話の席に向かわせていただくことができました。

畳、大丈夫かなぁ？

五十代で亡くなられた方の一周忌のご法事がありました。スポーツをされていた方ですが、難病にかかり、闘病の末に亡くなられました。職場の同僚が大勢来られるので、ご自宅ではなく、お寺の本堂をお借りしたいとのことでした。

ご法事の前日に確認の電話がありました。おおよその人数をお知らせいただき、その後、「車椅子の方が一人来てくれるんですが、大丈夫ですか？」と、不安そうに尋ねられました。

お寺は二階が本堂なのですが、エレベーターもあるので、大丈夫ですよと当時、住職であった父が答えてくれたようです。

当日、車椅子の方がお見えでした。本堂の前の廊下までは順調に来られましたが、本堂に上がる際に躊躇しておられました。

「どうぞ、お上がりください」

と申しあげると、

「車椅子の重みで畳が傷んでしまいますが、どうしましょうか」

とのことでした。畳一畳分ほどのカーペットを用意して、故人の同僚もスポーツマンらしく、体格のよい方が車椅子ごと抱えて、そのカーペットまで運ばれました。

読経が始まり、順次、お焼香をしていただく際に、私はその車椅子の方が気になってしまいました。焼香卓《じょく》まで移動できるかなぁという優しい思いではなく、焼香卓まで車椅子で移動されると、畳、大丈夫かなぁという思いです。

しかし、私の心配は全く無用でした。先ほど車椅子を抱えた方が、今度は焼香卓を抱えて車椅子の方の前に移動させ、焼香が済むとまた、焼香卓を元の位置に戻してくださいました。

お勤めに専念すべき僧侶である私が、長時間でもないのに読経に集中することができずにいました。別のことに気をとられてしまうなんて、もってのほかです。情けないやら、恥ずかしいやら、反省だらけのご法事でした。

浄土に往生して

善導大師のお話がしばらく続きました。その最後の言葉は、「即《そく》証《しょう》法《ほっ》性《しょう》之《し》常《じょう》楽《らく》」です。私たちが阿弥陀さまの本願のお心をその如くに受けとめることができれば、息子によって牢獄に閉じ込められた韋提希と同じように、喜忍・悟忍・信忍の三忍を得ることができます。この続きに、「即証法性之常楽」と示されます。浄土に往生してただちにさとりを開くということです。

親鸞聖人が選ばれた七高僧の真ん中のお三方が、中国の方です。曇鸞大師・道綽禅師・善導大師です。このお三方をたたえる正信偈のご文を通して、共通して大切なことをお示しいただいています。

曇鸞大師のところには次のご文がありました。

惑《わく》染《ぜん》凡《ぼん》夫《ぶ》信《しん》心《じん》発《ぽつ》　証《しょう》知《ち》生《しょう》死《じ》即《そく》涅《ね》槃《はん》
必《ひっ》至《し》無《む》量《りょう》光《こう》明《みょう》土《ど》　諸《しょ》有《う》衆《しゅ》生《じょう》皆《かい》普《ふ》化《け》

道綽禅師のところには次のご文がありました。

一生《いっしょう》造悪《ぞうあく》値《ち》弘《ぐ》誓《ぜい》　至《し》安《あん》養《にょう》界《がい》証《しょう》妙《みょう》果《か》

善導大師のところでは、次のご文があります。

慶喜《きょうき》一《いち》念《ねん》相《そう》応《おう》後《ご》　与《よ》韋《い》提《だい》等《とう》獲《ぎゃく》三《さん》忍《にん》
即《そく》証《しょう》法《ほっ》性《しょう》之《し》常《じょう》楽《らく》

一生涯、多くの悪を造り続ける私たちは、まさに煩悩を抱えた凡夫です。この凡夫を放っておけずに、心配で心配でたまらない阿弥陀さまが、大きな慈悲の心で私たちを包み込んでくださいます。そのお心に気づかせていただき、やがて、この娑婆の縁が尽きた時にお浄土に往生させていただき、お浄土で仏さまに成らせていただくのです。

今のこの娑婆で、阿弥陀さまのお心に気づかせていただくのですが、私たちの煩悩がなくなったりはしません。煩悩が減ることもないでしょう。この意味では、この世に命ある限り、仏さまとは似ても似つかない私と言わねばなりません。恥ずかしい私です。

けれども、「煩悩を抱えた私をそのまま救う」という阿弥陀さまの心に触れさせていただき、本願のお心を有り難く、かたじけなく聴かせていただくことが、親鸞聖人の歩まれた道なのです。

源信和尚（1）

源《げん》信《しん》広《こう》開《かい》一《いち》代《だい》教《きょう》　偏《へん》帰《き》安《あん》養《にょう》勧《かん》一《いっ》切《さい》

【書き下し】

源信《げんしん》広《ひろ》く一代《いちだい》の教《きょう》を開《ひら》きて、ひとへに安養《あんにょう》に帰《き》して一切《いっさい》を勧《すす》む。

（『註釈版聖典』二〇六頁）

【現代語訳】

源信和尚は、釈尊の説かれた教えを広く学ばれて、ひとえに浄土を願い、また世のすべての人々にもお勧めになった。

（『教行信証（現代語版）』一五〇頁）

一、お母さんからの厳しい言葉

いくつになっても親は親

六十代のご夫婦のお宅で聞かせていただいたお話です。ご主人のお父さまは、数年前に亡くなられました。お母さまは、介護が必要でしたが、同居をされていました。しばらくお母さまにお会いできなかったので尋ねてみますと、実は家で骨折されたということでした。

手術も無事にすみ、リハビリに励まれ、お医者さんも驚くほど快復されたそうです。けれども、バリアフリーになっていないご自宅に戻ることは難しく、近々、病院から施設に移られるとのことでした。

お話をうかがっていると、ご主人が、「いくつになっても親は親なんですね」とポツリとおっしゃいました。

ご主人はお仕事があるので、日頃は奥さんが病院に行き、洗濯や身の回りの世話をされ、ご主人は休みの日に見舞いに行かれるそうです。すると、お母さまは、「遠慮せんと食べ」といって、病院で出された食事を息子さんに差し出されるそうです。

奥さんのほうは、「私はそんなん一回も言ってもらったことがない」と少し不服そうな表情をされていましたが、息子さんが見舞いに来た時には決まって、ご自分用の食事を「遠慮せんと食べ」とすすめられるそうです。

骨折で手術を受けて入院中のお母さんは、八十代です。息子さんが母親を介抱するために見舞いに訪れていることは、誰の目にも明らかです。けれども、自分に出された食事を息子に食べさせようとする母の思いは、お母さんにとっては、いくつになっても息子は息子で、母親である自分が息子を思いやるということも、お母さんにとっては至極当然で、何ら不思議ではないことなんだろうと思います。

「いくつになっても親は親なんですね」という言葉は、ふつうに見れば、力は子どもにかなわなくなったけれども、親が子を思う気持ちは力関係とは無縁で、親心は優しく大きくあたたかなものだという、親への感謝の思いを表しているのですね。

七高僧の第六祖・源信和尚

七高僧の第六祖・源信和尚に入ります。和尚は、「おしょう」と読む立場もありますが、私たちは「かしょう」と読みます。いよいよ日本のお方です。一気に親しみも強く感じられるかもしれません。

源信和尚は、大和国（現在の奈良県）葛城下郡当麻郷のお生まれです。父は卜部正親、母は清原氏といわれます。生没年は、九四二〜一〇一七年。二〇一七年には、一千年忌特別展として、奈良国立博物館で七月から九月にかけて、「源信　地獄・極楽への扉」が開催されました。

その半年ほど前の二月十四日には、天台宗総本山・比叡山延暦寺（滋賀県大津市）と本願寺の合同の千回忌法要が、本願寺の阿弥陀堂で勤められました。この法要は、天台宗が呼びかけて実現したそうです。

母の言葉

当麻で生まれた源信和尚は、幼くして比叡山延暦寺に上られ、天台宗中興の祖といわれる慈恵《じえ》大師良源《りょうげん》僧正（九一二〜九八五）に師事し、天台宗の学問・修行に励まれました。メキメキと頭角を現した源信和尚は、宮中にも呼ばれて『法華経《ほっけきょう》』の講義を行い、帝（天皇）にたいそう褒められ、褒美の品をいただいたようです。

和尚は、いただいた品を大和国にいる母に贈ったようですが、母からは意外な内容の手紙が返ってきました。その母の言葉が、その後の和尚の人生に大きな影響を与えることとなりました。

『今昔物語集』巻十五第三十九話（源信僧都母尼往生語）を参考にすれば、そのときの母の言葉はおおよそ次のような内容です。

　贈ってくれた品はありがたく受け取りました。尊い学僧になってくれたこともこの上なくうれしいことです。けれども、宮中に召されて講義に向かうような学僧になってほしかったわけではありません。娘はほかにもいましたが、息子はあなた一人です。その息子を元服もさせずに比叡山延暦寺で学ばせたのは、私の後世を救ってほしかったからです。今のあなたの振る舞いは、私の本意とは異なります。私も歳をとりました。私が生きている間に、私の願う学僧となってください。そうすれば私も安心して亡くなることができます。

源信和尚に対するお母さんの厳しい言葉ですね。

当麻にいる母に高価な品を贈った源信和尚には、おそらくは浮かれた気持ちなどはなかったと私は想像します。ただただ、母に喜んでもらおうと思ったのではないでしょうか。また、母に褒めてもらいたいという素朴な思いもあったかもしれません。いくつになっても、母に褒めてもらいたいと思う息子の気持ちも、想像に難くありません。

けれども、母の厳しい言葉に叱咤激励された源信和尚は、その後は、華やかな宮中に出入りすることもなく、横川《よかわ》に隠棲し、学問修行に専念されることになったようです。

比叡山は大きく東塔・西塔・横川に分けることができます。東塔には、比叡山の総本堂である根本中堂があります。西塔には、弁慶が両堂をつなぐ廊下に肩を入れて担ったと言い伝えられる、にない堂があります。東塔や西塔に比べればずいぶんとひっそりとした場が横川です。横川には源信和尚が住された恵心堂があります。ここから、源信和尚のことを恵心僧都と呼ばれることもあります。

源信和尚は四十三歳から四十四歳にかけて、この地で『往生要集《おうじょうようしゅう》』を著されました。『往生要集』は、日本浄土教における初めての本格的な教義を記した書物であるということができます。多くの経・論・釈の文言が引用されており、学僧である源信和尚の学びの広さと深さには圧倒されます。

当代きっての学僧になった源信和尚に、人生の方向性を確かにしてくれたものが母の言葉であり、母の言葉が、『往生要集』を生んだと言うこともできるでしょう。

二、愚か者の私が救われる道

変化への対応

若い頃は、変化がなければ「マンネリ」などと言われ、変化を好む傾向があるように感じます。けれども、歳を重ねると、変化への対応が難しくなるようです。あるご門徒のお宅で、こんな話を聞きました。

同居されている八十代のお父さまについて、息子さんの〝グチ〟です。

最近は環境に配慮するため、ゴミの分別も細かくなっています。曜日別に普通ゴミ、プラスチック、資源ゴミ、再生紙などが指定され、以前とはゴミを出す曜日が異なってきました。お父さまに何度そのことを伝えても、以前の曜日感覚でゴミを出されるので、ゴミを出さないよう管理しないといけないというお悩みでした。

また、お医者さんから、自転車は危ないので乗らないように厳しく言われているにもかかわらず、昼間に食べたいものや、ビールやお酒などを、自転車に乗って買いに行っているそうです。

お父さんから話を聞いてはいないのですが、「息子夫婦に世話になっているから、せめてできることぐらいは自分でしよう」「少しでも息子たちの負担を減らして、役に立とう」という思いなのでしょうか。

子育てにおいては、わが子を愛するが故に溺愛したり、過保護になる場合があります。子どものためと思うことが、子どものためにならないこともあります。過保護になるのではなく、じっと見守ることも親の務めなのでしょう。

けれども子どもが成長し、親が年齢を重ねると、その関係はいつしか対等になったり、逆転するケースもあるかと思います。徐々に変化する関係にうまくなじんで順応することができればよいのですが、なかなか難しいですね。

息子さんも「父の思いはわかるんです。頭ではわかるんですけど……」と言いつつ、「自転車に乗って何かあったら、困るのは父本人なんですけど」と、やはり心穏やかではなさそうでした。

けれども話しているうちに、「食べたいものがあるっていうことは、まだ元気な証拠ですよね」「好きなお酒が欲しくなくなると、そのほうが心配ですもんね」「ゴミ出しも曜日を間違えているけど、今日が何曜日だってことはわかっている証拠だし、まだ安心ですね。今日の曜日がわからなくなるほうが寂しいですよね」と話していただけました。

親子のいずれか一方が凡夫なのではありません。ともに凡夫である親子が、ともにいら立たせ合うこともありますが、ともに許し合える親子でありたいですね。

安養に帰して一切を勧む

源信和尚が四十三歳から四十四歳にかけて著された『往生要集』は、日本浄土教における初めての本格的な教義を記した書物であるということができます。

地獄のおどろおどろしい描写が有名ですが、それは『往生要集』の最初に書かれる「厭離穢土《えんりえど》」の描写です。『往生要集』は「厭離穢土」も含み、全部で十章に分けて記されます。

一、「厭離穢土」迷いの世界（六道輪廻）を厭《いと》い離れるべきであること。

二、「欣求浄土《ごんぐじょうど》」阿弥陀仏の浄土を欣い求めるべきであること。

三、「極楽証拠《ごくらくしょうこ》」多くの仏の多くの浄土の中で、阿弥陀仏の浄土を願うべきであること。

四、「正修念仏《しょうしゅねんぶつ》」正しく念仏を修するべきであること。

五、「助念方法《じょねんほうほう》」念仏の行の助けとなる諸々の事柄について。

六、「別時念仏《べつじねんぶつ》」日常の勤行で行う念仏と、臨終に行う念仏について。

七、「念仏利益《ねんぶつりやく》」念仏によって得ることのできる利益について。

八、「念仏証拠《ねんぶつしょうこ》」念仏が、その他の行よりも勝れているということ。

九、「往生諸行《おうじょうしょぎょう》」念仏以外の行による往生について。

十、「問答料簡《もんどうりょうかん》」問答によって、念仏について明らかにすること。

有名な地獄の描写は、第一のところで述べられますが、『往生要集』の全体は、南無阿弥陀仏の念仏によって、阿弥陀仏の浄土に往生することが述べられます。源信和尚は、このことを、多くの経典や論・釈などを引用して、私たちに示してくださっています。

全体を通じて、九百五十ほどの多くの経・論・釈の文言が引用され、紹介されていま す。これほどの書物から、浄土往生についての言葉を示しておられますが、源信和尚は浄土往生について書かれた書物だけを読んでおられたわけではありません。

「広く一代の教を開きて」と示されるように、和尚は、お釈迦さまの一代説法についで記された書物を広く学ばれたのです。お釈迦さまは三十五歳の十二月八日にさとりを開かれました。宗派を超えて成道会が勤められているのではないでしょうか。また、亡くなられたのは八十歳の二月十五日ですね。涅槃会もまた、宗派の枠を超えて勤められていることでしょう。三十五歳から八十歳までの四十五年間に多くの人の苦悩を解決する言葉を語られました。その説法が膨大な経典として残されています。それらを広く学ばれた和尚自身が、阿弥陀仏の浄土に帰依されたというのです。そして、全ての人々に対しても、浄土の教えに帰依することを勧められたのです。

なぜでしょうか?

答えは『往生要集』の序に記されている次の言葉ですね。

予《よ》がごとき頑魯《がんろ》のもの　（『註釈版聖典（七祖篇）』七九七頁）

私のような頑なで愚かな者という意味です。他の誰でもない、この愚か者の私にとっては、阿弥陀仏の浄土に往生し、仏に成らせていただく以外に、仏に成ることができる道はないという立場で、源信和尚は『往生要集』を書かれたのです。

釈尊の説かれた教えを広く学ばれた源信和尚が、「愚か者の私も浄土を願い、また世のすべての人々にも勧める」想いで記されたと、親鸞聖人が讃えておられるのです。

私たちも、いかに自身が「頑魯のもの」であるかを思い知らされ、「頑魯のもの」のための阿弥陀仏の浄土の教えに親しませていただきたいですね。

源信和尚（2）

専《せん》雑《ぞう》執《しゅう》心《しん》判《はん》浅《せん》深《じん》　報《ほう》化《け》二《に》土《ど》正《しょう》弁《べん》立《りゅう》

【書き下し】
専雑《せんぞう》の執心《しゅうしん》、浅深《せんじん》を判《はん》じて、報化二土《ほうけにど》まさしく弁立《べんりゅう》せり。

（『註釈版聖典』二〇七頁）

【現代語訳】
さまざまな行をまじえて修める自力の信心は浅く、化土にしか往生できないが、念仏一つをもっぱら修める他力の信心は深く、報土に往生できると明らかに示された。

（『教行信証（現代語版）』一五〇頁）

一、いつも私を見ていてくださる

お母さんと男の子

お母さんと一緒にお買い物に行った帰りの男の子のお話です。お母さんは両手に荷物を持ち、すぐ後ろを二、三歳くらいの男の子が歩いている姿を見かけました。男の子はお菓子かおもちゃを買ってもらったのでしょうか、小さな袋を持ち、中をのぞきながら歩いていると、つまずいて転んでしまい、大きな声で泣き始めました。

お母さんはすぐに振り返って、「だいじょうぶぅ？」と優しく声をかけましたが、泣きやみません。もう一回、優しく声をかけましたが、それでも泣きやみません。仕方ないなぁという表情で荷物を地面に置き、男の子を抱きかかえると、すぐに泣きやみました。

転んで膝でも擦りむいて、痛かったのかもしれませんが、抱っこされてすぐに泣きやんだところをみると、痛みだけでなく、転んで一人で起き上がるのが寂しかったのかもしれません。お母さんのあたたかさに安心をしたのでしょう。

専修と雑修

ここの言葉は、特に難しいですね。まず、専雑とは、専修《せんじゅ》と雑修《ざっしゅ》ということです。専とは、「もっぱら」ということですから、ただひたすら、その事ばかりということです。雑とは、ひとつだけではなく雑じるということです。

専修とは、専ら修めるということです。ただただ、浄土真宗のお聴聞を重ね、阿弥陀仏の本願の心を聞き続けるということです。

雑修とは、蓮如上人が著されたといわれる『領解文《りょうげもん》』にある言葉です。浄土真宗のお聴聞を重ね、阿弥陀仏の本願の心を聞きながら、その他のことも行うようなことです。『領解文』では「もろもろの雑行雑修自力《ぞうぎょうざっしゅじりき》のこころをふりすてて……」（『註釈版聖典』一二二七頁）とあるように、雑修を自力とつなげ、この心を捨てましょうと言われます。

日頃の私たちは、専修でしょうか、雑修でしょうか。

お仏壇には毎日お参りしているが、古い神棚も家にはあるということもあるでしょう。地元のお祭りでは、神輿《みこし》を担いでいるという方もあるかもしれません。

冬休みに入ると、家族でクリスマスケーキを食べることがあるかもしれません。合格を願ってお守りを求められた方もあるかもしれません。

占いや姓名判断、六曜など、数え始めたらきりがありませんが、親鸞聖人は、これらを雑修とおっしゃいます。『領解文』には、この雑修の心を「ふりすてて」とあります。厳しいですね。

御恩報謝

『領解文』のその続きには、御恩報謝とあります。

私たちは、自分がよい状態の時には、感謝することはできそうです。おかげさまで、とお礼の言葉を口にすることもできるでしょう。

けれども、自分がよい状態ではない時はどうでしょうか？

なかなか感謝の言葉を口にすることは難しいですね。一生懸命頑張っているのに、どうして報われないんだろうと、愚痴をこぼすのではないでしょうか。また、一生懸命に努力しているのに、誰かに邪魔されたと怒りをあらわにすることもあるでしょう。揚げ句の果てには、「神も仏もあったものじゃない」と自分の身勝手さを棚に上げて、自分を正当化してしまいそうです。

愚痴や、怒りや、自分を正当化することは、煩悩の姿ですね。

誰にも応援してもらえない時には、孤独を感じることがあります。誰かのためにがむしゃらに頑張っているのに、全く感謝してもらえない時には、むなしさを感じます。

自分自身の孤独やむなしさは、つらく悲しいことですが、ふと振り返ってみると、誰かを孤独に追いやったことはなかったでしょうか。誰かにむなしさを感じさせたりしたことはなかったでしょうか。悪く恥ずかしい自分です。

私が孤独でむなしさを感じる時にも、阿弥陀さまは一緒にいてくださいます。誰かに孤独やむなしさを感じさせてしまうような悪い自分にも、阿弥陀さまは見放さずに一緒にいてくださいます。

はじめにお話をした男の子は、お母さんの気持ちが伝わると、安心したのですね。私たちにとって大切なことは、阿弥陀さまがいつも私を見ていてくださるということです。私に何があっても、必ずどこまでも一緒にいてくださる仏さまが阿弥陀さまです。何よりもまず、阿弥陀さまのお心に気づかせていただくことが、専修ということです。

二、一生懸命念仏すればいい？

春が待ち遠しい

春が訪れる時期は住んでいる地域によって様々ですが、私の住む大阪は、三月になれば、だんだん厚手のコートを着る人も減っていきます。

三月にお参りに寄せていただいて、「もう春もそこまで来てますね」「暖かくなるのが待ち遠しいですね」と話しますと、多くの方から「そうですね、今年は寒さが厳しかったから余計にね」という声を聞かせていただきます。いよいよ春が近づいてきてくれることを心待ちにしている方の弾んだお気持ちに、私までうれしくなりながら、原付バイクで春の風を切りながら、軽やかにお寺に戻ることができました。

けれども、「暖かくなるのは大歓迎だけど、来てほしくないものも来てくれるからなぁ」と少し顔をこわばらせる方もいらっしゃいます。聞いてみると、花粉症に悩まされている方です。花粉症の症状は人によって季節にズレがあるそうですが、暖かくなると鼻がむずむず、目がしょぼしょぼ、頭もボンヤリ、気持ちもイライラするそうで、花粉症の方にとっては、決して春は待ち遠しいわけではないようです。

執心

先に、「専雑の執心」の「専雑」についてお話ししました。専雑とは、「専修」と「雑修」ということです。

専修とは、専ら修めるということですから、お聴聞を重ね、阿弥陀仏の本願の心を聞き続けるということです。

雑修とは、雑じるということですから、お聴聞を重ね、阿弥陀仏の本願の心を聞きながら、その他のことも行うようなことです。

親鸞聖人は、「専雑の執心」と表されていますから、専修の執心と雑修の執心ということです。ここでは、「執心」についてお話をしましょう。

「執心」とはどのような心でしょうか？

毎年、大学の授業で、二十人ぐらいの学生とともに、学生を主役に学ぶ授業（ゼミ）を担当させていただきます。多くの学生が私のゼミを希望してくれ、一年間、ともに学んでいきます。

以前、ちょうど正信偈の源信和尚のところを発表した学生がいました。「執心」を『浄土真宗辞典』（三一二頁）で調べて、「執着《しゅうじゃく》心。とらわれの心のこと」と説明してくれました。

けれども、それでは意味が通りませんね。

なるほど、雑修の執心のほうは、意味が通るかもしれません。阿弥陀仏の本願を聞きながら、お念仏以外の行を行うことが雑修です。お念仏以外に行っているその行に執着することを指摘する言葉として、理解することができます。そして、お念仏以外の行に執着をしているとすれば、報土《ほうど》（真実のお浄土）に往生することはできず、化土《けど》にしか往生できないと示されるのです。

けれども、専修の執心についてはどうでしょうか。阿弥陀仏の本願を聞くことに執着する心、あるいは、阿弥陀仏の本願を聞きお念仏を称えることに執着する心という意味になります。仏教では、執着から離れることを学びます。せっかく本願を聞き、お念仏を称えているとしても、そこに執着の心があるとすれば、真実のお浄土に往生して、成仏することはできないと言わなければなりません。

冒頭にある現代語訳によれば、

念仏一つをもっぱら修める他力の信心は深く、報土に往生できると訳されています。専修の執心は、「念仏一つをもっぱら修める他力の信心」と訳されていますので、執心は、ここでは執着心ではなく、「他力の信心」と理解されていることがわかります。

同じ言葉でも、異なる意味がある場合は、丁寧に味わうことが大切ですね。

専修の執着心

先ほど、阿弥陀仏の本願を聞きお念仏を称えることに執着する心では、真実のお浄土に往生して、成仏することはできないと話しました。このことについて、重ねてお話をしておきたいと思います。

毎月のお参りで、ご門徒宅に寄せていただくと、日頃の様子や、その変化に気づかせていただいたりします。また、住職（当時）である私の父には聞きにくい疑問やお話なども、父に代わって聞かせていただくことがあります。私自身にとっても尊い時間です。あるお宅に寄せていただいた時のことです。プンプン怒っておられる様子でした。どうされたのだろう、何だろうなぁと思っていますと、「先月、どうして来てくれなかったの？」と言われてしまいました。

私に急用ができ、代わりの方を探したのですが見つからず、やむなくお休みさせていただきました。けれども、このお宅では、ご主人が亡くなられてから十数年、一度も毎月のお参りを休まれたことがなかったのです。

「毎月欠かさず続けてきたのに、先月はお経読んでもらわなかったけど、死んだお父ちゃんは大丈夫やろか……」とおっしゃるのです。心情的にはわからないではありませんが、親鸞聖人のおっしゃる仏教（浄土真宗）とは異なりますね。

奥さんや僧侶の私が読経するから、亡くなられたご主人がお浄土に往生できるわけではありません。もし、そのように考えるとすれば、その考えがまさに「専修の執着心」ではないでしょうか。自分自身の読経やお念仏を故人に回向して、それによって故人を成仏させたいと願う心は、自力の執着心です。

自分自身がお浄土に往生するために、一生懸命に毎日欠かさずお念仏を称えようという心も、自力の執着心ですね。

自分でお念仏を称えることが執着心ではありません。自分でお念仏を称えることが、自分や誰かの往生に何らかの役に立つと考えることが、執着心なのですね。

正信偈では、専修の執心や、雑修の執心によって、赴く先が、報土と化土と別々に示されます。

三、自力の浄土と他力の浄土

「あの素晴しい歌をもう一度コンサート」と題したコンサートが、日本武道館で開催されました。あるラジオ番組の放送五十周年を記念したコンサートで、番組が始まった時はまだ私は生まれていませんが、タイトルと出演者にひかれ、聴きに行きました。途中の休憩を挟み、三時間ほどの時間でしたが、楽しい時間はアッという間に過ぎていきました。

出演者の中に「海援隊」というグループがあって、「母に捧げるバラード」を歌いました。武田鉄矢《たけだてつや》さんが、故郷のお母さんのことをセリフをまじえながら歌われ、大ヒットしました。故郷を離れて都会で暮らす息子が、母を想う歌です。

都会で学んだり、働いたりするために、幼い頃から住み慣れた故郷を離れる時の感覚は、学生時代が終わり、住み慣れた場所を離れて故郷に帰っていく時の感覚と通じるものがあるようです。住み慣れたところが自分の居場所で、そこから遠く離れれば離れるほど、どんどん強く、自分の居場所ではないように感じるからでしょうか。

自分の居場所であれば、不安を感じることは多くはありません。けれども、自分の居場所でなければ、多くの不安を感じるものですね。

報土と化土

専修と雑修、執心についてはすでにお話をさせていただきました。冒頭の現代語訳によれば、雑修の執心とは、「さまざまな行をまじえて修める自力の信心」ということがわかります。また、専修の執心とは、「念仏一つをもっぱら修める他力の信心」ということがわかります。

これらについて、前者は「化土」にしか往生できず、後者が「報土」に往生できると示されます。報土とは、阿弥陀さまのお浄土のことです。阿弥陀さまの広く大きく尊いお心を、その通りに受けとめることのできる「専修の執心」のほうは、阿弥陀さまの浄土に往生することができます。

では、阿弥陀さまの広く大きく尊いお心を、その通りに受けとめることができずに、アレやコレやといろんな行を行おうと思ってしまう「雑修の執心」の人が往生する「化土」とはどのような「土」なのでしょうか？

親鸞聖人は、この「土」について、「辺地《へんじ》」「懈慢界《けまんがい》」「疑城胎宮《ぎじょうたいぐ》」などと記されます。

辺地とは、『浄土真宗辞典』では「浄土の中の周辺の地」（五八七頁）と説明されます。辺境・辺鄙《へんぴ》と熟語にすれば、「都から離れた土地」「開けていない、不便な土地」という意味になります。

冒頭の話でいえば、都＝中心と考えれば、中心から離れた不便なところということです。逆に、住み慣れたところは、住み心地のよい便利なところです。住み慣れないところは、住み心地のよくない不便なところですね。

阿弥陀さまの心をその通りに受けとめることができなければ、住み心地のよくない不便な辺地にしか往生できないということです。

中心から遠く離れれば離れるほど、阿弥陀さまからも遠く離れたところに感じてしまいます。阿弥陀さまから遠く離れれば離れるほど、阿弥陀さまの喚び声が届きにくくなり、阿弥陀さまの心からも忘れ去られてしまうかのように感じてしまいます。

無辺光

正信偈も終盤になっていますが、序盤に阿弥陀さまの光を十二に分けて説かれた「十二光」がありました。その一つが無辺光です。辺がない光です。辺がないとは、この光がどこまでも明るく照らすということです。中心がどこかにあって、中心から離れると、その光が弱くなってしまうとすれば、無辺光ということができません。無辺光とは、中心からどれだけ離れても、中心と同じ明るさであるということができるでしょう。

どこまで離れてもすべてが同じ明るさであるということは、どこが中心で、どこが周辺・辺境だという区別がないと考えることができます。

阿弥陀さまのお浄土は、本来、このようなお浄土であると受けとめたいと思います。「他力の信心」は、お浄土をこのように受けとめることができるでしょう。無辺光ですから、辺地などないはずです。

けれども、「自力の信心」は、浄土の周辺にある辺地にしか往生できないと考えてしまいます。辺地にしか往生できないという考えが、自力の立場であるとも言えるでしょう。

他力の信心

『歎異抄《たんにしょう》』や『御伝鈔《ごでんしょう》』には、「信心諍論《しんじんじょうろん》」が記されています。「信心諍論」とは、親鸞聖人が法然聖人のもとで学ばれていた時にあった、信心に関する論争です。親鸞聖人が「私の信心も法然さまのご信心も同じである」とおっしゃったところ、「法然さまのご信心と親鸞の信心が同じであるとはけしからん！」と親鸞聖人をとがめるものが大勢いたというのです。

論争ですから、互いが主張を繰り返しますが、決着がつかず、最終的に法然聖人に判定が委ねられました。

法然聖人は、「私の信心も親鸞の信心も、阿弥陀さまより賜るものであるから同じである」とお答えになったようです。さらに付け加えて、「もし、わたし法然と違う信心であれば、その者とわたしは、同じ浄土には生まれることができるかあやしいものである」とおっしゃったようです。

信心が異なれば、生まれ往くお浄土も異なるというのです。

親鸞聖人の『教行信証』には、「仮《け》の仏土《ぶつど》の業因千差《ごういんせんじゃ》なれば、土《ど》もまた千差《せんじゃ》なるべし。これを方便化身《ほうべんけしん》・化土《けど》と名づく」（『註釈版聖典』三七二頁）とあります。『現代語版』を参照すれば、「方便の浄土に往生する因は、人によってそれぞれにみな異なるから、往生する浄土もそれぞれに異なるのである」（『教行信証（現代語版）』四四九頁）ということです。

人それぞれ、生まれ育った環境も異なり、ものの考え方や、体力・能力も異なります。千差万別です。千差万別の因に対して、果もまた千差万別です。それぞれの能力やものの考え方が異なれば、生まれ往く浄土も異なりますが、これを自力の立場といいます。

他力の立場は、そうではありません。

人それぞれの能力や考え方は違いますが、違いのままますべてを包む阿弥陀さまの広く大きな心を他力の信心といいますから、みな、等しく、阿弥陀さまの浄土に往生できるのです。

報土と化土、他力と自力について、大切に、丁寧に学ばせていただきましょう。

源信和尚（3）

極《ごく》重《じゅう》悪《あく》人《にん》唯《ゆい》称《しょう》仏《ぶつ》　我《が》亦《やく》在《ざい》彼《ひ》摂《せっ》取《しゅ》中《ちゅう》
煩《ぼん》悩《のう》鄣《しょう》眼《げん》雖《すい》不《ふ》見《けん》　大《だい》悲《ひ》無《む》倦《けん》常《じょう》照《しょう》我《が》

【書き下し】
極重《ごくじゅう》の悪人《あくにん》はただ仏《ぶつ》を称《しょう》すべし。われまたかの摂取《せっしゅ》のなかにあれども、煩悩《ぼんのう》、眼《まなこ》を障《さ》へて見《み》たてまつらずといへども、大悲《だいひ》、倦《もの》きことなくしてつねにわれを照《て》らしたまふといへり。

（『註釈版聖典』二〇七頁）

【現代語訳】
「きわめて罪の重い悪人はただ念仏すべきである。わたしもまた阿弥陀仏の光明の中に摂め取られているけれども、煩悩がわたしの眼をさえぎって、見たてまつることができない。しかしながら、阿弥陀仏の大いなる慈悲の光明は、そのようなわたしを見捨てることなく常に照らしていてくださる」と述べられた。

(『教行信証（現代語版）』一五一頁)

一、極悪人がすくわれるには

悪人と愚者

人にはいろんな表情があります。笑顔を絶やさない方が、たまにつらそうな表情をされていると、何かあったのかな？と心配になります。

逆に、いつも眉間にシワを寄せている方が、時折見せるくつろいだ表情に、なんだかうれしい気持ちになることがあります。

眉間にシワを寄せている方は、気難しくて怖い方という印象があります。あの人は難しい表情をしているから苦手、と感じることもあります。なるほどそうかもしれませんが、優しく穏やかな方でも、悩み事をたくさん抱えてつねに頭を離れることがなく、考えねばならないことが続くと、眉間にシワが寄ってしまいます。

特にお年を召された方の深いシワのお顔を拝見すると、長い人生の中で、いろんなつらいことがたくさんあったのかなぁ、と思うことがあります。

ところで、拙著『歎異抄のことば』（本願寺出版社）にも書かせていただいたのですが、それと同じことをここでも質問させていただきます。

「あなたは善人ですか、悪人ですか」と問われた時、どのように答えるでしょうか？「善人であると自信を持って言うことはできません。できませんが、悪人と言われるほどの悪いこともしていません」と答える方が多いのではないでしょうか。

同様の質問をしてみましょう。

「あなたは大きな人ですか、小さな人ですか？」

「あなたは強い人ですか、弱い人ですか？」

龍谷大学では、「仏教の思想」という講義があります。この講義の中で、先のような質問をすると、多くの学生は、「私は小さな人です」「弱い人です」と答えます。その理由として、次のような答えがあります。

「私は些細なことでクヨクヨすることが多いので、小さな人です」

「高校生の頃、いじめられている子を見ても、何にもできなかったから弱い人です」

「嫌みを言われると、すぐにカッと腹を立ててしまうので……」

「電車で席を譲りたくても勇気を出して譲れないことがあるので……」

など、いろいろな理由を挙げながら、弱い人・小さな人であることを認めています。

善人＝善いことをする人、悪人＝悪いことをする人と理解すれば、やはり、善人でもなければ悪人でもないと答えるかもしれません。もし悪人を「善いことができない人」と理解すれば、悪人であると認めることはそれほど困難なことではないかもしれません。

また、悪人とは、一つ一つの行為の善悪だけを問うというものではなく、私たちのこの身体全体に染み付いている煩悩を指しているということができるでしょう。

悪人と類似する表現に愚者という語があります。親鸞聖人八十八歳の時のお手紙には、「故法然聖人《こほうねんしょうにん》は、『浄土宗《じょうどしゅう》の人《ひと》は愚者《ぐしゃ》になりて往生《おうじょう》す』と候《そうら》ひし」（『註釈版聖典』七七一頁）と記されています。法然聖人から「愚者になって往生する」「愚者として生きる」ことを学ばれた親鸞聖人のように、私たちも、親鸞聖人のご生涯を通して、「愚者になって往生する」「愚者として生きる」ことを学ぼうとすることが肝要であると考えられます。

悪人と言われると強く抵抗を感じる方も、愚者と言われるとその抵抗は少しは和らぐ方もおられるかもしれませんね。

極重悪人唯称仏

「極重悪人唯称仏《ごくじゅうあくにんゆいしょうぶつ》」の文は、源信和尚の『往生要集』の次の文に依っています。

極重《ごくじゅう》の悪人《あくにん》は、他《た》の方便《ほうべん》なし。ただ仏《ぶつ》を称念《しょうねん》して、極楽《ごくらく》に生《しょう》ずることを得《う》

（『註釈版聖典（七祖篇）』一〇九八頁）

これは『観経』の最後のあたりに示される内容に基づいています。五逆・十悪といわれる善くない行いをする者を『観経』では、「愚人」と表されます。このような愚人は、悪い行いをしてきたのですから、苦しい道に堕ちなければならないはずです。これが一般的なものの道理です。それが因果応報です。

けれども、この愚人も南無阿弥陀仏を称えれば、悪の報いを受けずに、極楽浄土に往生できると示されます。

親鸞聖人は、「高僧和讃」に次のように詠われています。

極悪深重《ごくあくじんじゅう》の衆生《しゅじょう》は
他《た》の方便《ほうべん》さらになし
ひとへに弥陀《みだ》を称《しょう》してぞ

浄土《じょうど》にうまるとのべたまふ　　　　（『註釈版聖典』五九五頁）

極悪の衆生が弥陀の浄土に生まれようとするならば、阿弥陀さまのお名号（南無阿弥陀仏）を称えること以外に、どのような方法もないといわれます。阿弥陀さまの浄土に生まれることの唯一の方法は、南無阿弥陀仏を称えることだと示されます。

この私こそが極重悪人

では、このような愚人・悪人とは、誰のことでしょうか？

「悪人とは誰でしょう。思い浮かぶ方の名前を挙げてください」といわれた時、何人ぐらいの方のお顔が思い浮かぶでしょうか？一人や二人ではないかもしれません。五人・十人と思い浮かべる方がおられるかもしれません。

『往生要集』には、「予《よ》がごとき頑魯《がんろ》のもの」（『註釈版聖典（七祖篇）』七九七頁）とあります。源信和尚がご自身をこのように呼んでおられます。自分の周囲にいる方を悪人と呼ぶようでは、まだまだかもしれません。自分自身を悪人と知らされていく世界が、浄土真宗の真骨頂でしょう。

自分以外の人を悪人と呼ぶ立場であれば、そのような悪人を救う阿弥陀仏のことを、「悪人でも救われる」と語ります。けれども、自分自身を悪人と呼ぶ立場であれば、「悪人こそを救う」と語るのではないでしょうか。

「悪人であるけれども、大悲が注がれる」と語るとすれば、悪人を他人事のように感じ、悪人を自分のこととして感じることができないといえるでしょう。

一方、「悪人であるからこそ、大悲が注がれている」と語るとすれば、悪人・愚者に注がれている阿弥陀仏の慈悲を尊く感じることができるでしょう。

悪人・愚者であるこの私を決して見放さないという阿弥陀仏の心に思いをいたしたいものです。

二、煩悩があるから気づけない

ヘルパーさんとの買い物

八十歳代の一人暮らしのご門徒の女性からうかがったお話です。

介護サービスを利用し始め、車いすに乗ってヘルパーさんとスーパーに買い物に行かれたそうです。商品が並ぶ通路の広いところは安心ですが、狭い通路はぶつかりそうで不安でした。でも、ヘルパーさんはベテランで、車いすの扱いにも慣れていて、難なくスイスイと通ることができたそうです。

「よかったですね」と私が言おうとすると、「やっぱり、買い物は自分で行かんとアカンねぇ」とおっしゃるのです。「アレッ？」と思って聞いていると、「自分で買い物に行くと、値段を見ながら買う物を決められるけど、ヘルパーさんは最初に買う物を決めてからお店に入って、買いたい物を目指して一直線に動くので、ゆっくりと見たい物が見られない」というのです。なるほど、時間の制約や、互いの意思疎通も十分ではないのかもしれません。

「ちょっとずつ慣れてきたら、大丈夫じゃないですか」などと話していると、ふと思い出したように、「やっぱり、親ってすごいねぇ……」とつぶやかれました。数年前にお母さまを亡くされたのですが、生前はあまり仲がよくありませんでした。私がお参りに寄せていただいても、二人が並んで私の後ろに座ることはほとんどありませんでした。

けれども、お母さんが晩年、病院の入退院を繰り返すようになってからは、時々、見舞いに行かれたようです。そして亡くなられる前日のこと。

お見舞いに行き、いつものように腕をさすっていると、「痛い」と言われたので、今度は背中をさすってあげると、気持ちよさそうにニコニコとされたようです。けれども、しばらくして、今日はこれくらいでいいか、また明日……と思っていると、「もういいよ。ありがとうねぇ。今までありがとうねぇ」と、お母さんがおっしゃったそうです。

自分の気持ちを見透かされたようで、その時は腹立たしかったけど、今になると、その日が最後のお見舞いになってしまい、「また明日」の明日もなく、「もうちょっとさすってあげたらよかったかなぁ」と話していただきました。

子どもがいくつになっても、親は子どもの心の内を見とおすことができるのでしょうか。

わが子に対する親の愛は、ほんのわずかな見返りも求めない愛ですから、尊い心です。けれども、「わが子かわいさ」や「子煩悩」という言葉もあるように、仏さまの大きな慈悲（大悲）とは異なると言わなければなりません。わが子に対する愛が無限に他に広がるときに、大きな慈悲と言われるのです。

われが？　大悲が？

源信和尚を讃える最後のご文を読んでまいりましょう。

我《が》亦《やく》在《ざい》彼《ひ》摂《せっ》取《しゅ》中《ちゅう》　煩《ぼん》悩《のう》障《しょう》眼《げん》雖《すい》不《ふ》見《けん》

大《だい》悲《ひ》無《む》倦《けん》常《じょう》照《しょう》我《が》

源信和尚の『往生要集』では、このようにあります。

我亦在彼摂取「之」中
煩悩障眼雖不「能」見
大悲無倦常照我「身」

『往生要集』の「 」を付けた文字が、正信偈では省略されていることがわかります。正信偈では、漢字七文字で一つの句を記しますので、省いても大差のない文字を一文字ずつ省かれていることがわかります。

では、源信和尚や親鸞聖人は、どのようなことを記されているのでしょうか？

一つ目の「我亦在彼摂取中」とは、私が阿弥陀さまの救いの中にいるということです。

二つ目の「煩悩障眼雖不見」とは、阿弥陀さまの救いの中にいるけれども、煩悩のためにそれを見ることができないというのです。

三つ目の「大悲無倦常照我」とは、阿弥陀仏さまの大悲は、それでも、途中で見捨てることなく、我を照らしてくださっているというのです。

一つ目と三つ目は、私と阿弥陀さまの関係を表していて、内容的には、さほど変わらないようにも感じられます。けれども、冒頭の書き下し文に、「あれども」「いへども」という逆説の言葉が二度使われていることに注目をすれば、似たようなことを述べておられるようですが、実は、大きな違いがあるともいえそうです。

一つ目は、「我」が主語になっています。

三つ目は、「大悲」、つまり、阿弥陀さまが主語になっています。

私が阿弥陀さまに照らされているということと、阿弥陀さまが私を照らすということは、主語が異なるだけで、それ以外は全く同じことだといえるかもしれませんが、源信和尚や親鸞聖人は、「けれども」という逆説の意を二回用いることによって、二つのことを丁寧に私たちに語ってくださっていると受けとめたいと思います。

一つは、煩悩の眼にまどわされている私たちは、阿弥陀さまのお心をその通りに気づくことはできないということです。これは、阿弥陀さまのお心を素直に受けとめずに、裏切っている状態ということかもしれません。

もう一つは、阿弥陀さまのお心に気づかない私たちだからといって、阿弥陀さまは途中で飽きたり、あきれたり、諦めたりすることなく、常に私たちを思い続けてくださるということです。

無倦とは

倦とは、倦怠期という言葉があるように、飽きる・あきれるということです。どれだけ親しい間柄であったとしても、裏切られ続けると、それでもどこまでも思い続けるということは難しそうです。人間関係においては、たびたび裏切られてしまうと、途中で堪忍袋の緒が切れたり、あきれて、見放し、見捨ててしまうこととなります。

けれども、阿弥陀さまの大悲は「無倦」ですから、私たち衆生が、私たちにかけてくださっている阿弥陀さまの底知れない思いに気づくことができなくても、だからといってあきれることなく、途中で見放すことはありません。だからこそかえって、なおさら一層、私たちのことをふびんに思い、絶えず、常に思い続けていてくださるのです。思いやり（愛・慈悲）の対象を無限に広げた心が、阿弥陀さまの大悲なのですね。しかも、裏切られても、裏切られても、決して見放すことのない大きな慈悲が、阿弥陀さまの大悲なのですね。

これほどかたじけなく、ありがたいことはありません。

親鸞聖人は『尊号真像銘文』や「高僧和讃」でもこの内容に触れられています。繰り返し、繰り返し、大切に味わいたいところです。

法然聖人（1）

本《ほん》師《し》源《げん》空《く》明《みょう》仏《ぶっ》教《きょう》　憐《れん》愍《みん》善《ぜん》悪《まく》凡《ぼん》夫《ぶ》人《にん》
真《しん》宗《しゅう》教《きょう》証《しょう》興《こう》片《へん》州《しゅう》　選《せん》択《じゃく》本《ほん》願《がん》弘《ぐ》悪《あく》世《せ》

【書き下し】

本師源空《ほんしげんくう》は、仏教《ぶっきょう》にあきらかにして、善悪《ぜんあく》の凡夫人《ぼんぶにん》を憐愍《れんみん》せしむ。

真宗《しんしゅう》の教証《きょうしょう》、片州《へんしゅう》に興《おこ》す。選択本願《せんじゃくほんがん》、悪世《あくせ》に弘《ひろ》む。

（『註釈版聖典』二〇七頁）


【現代語訳】

源空上人は、深く仏の教えをきわめられ、善人も悪人もすべての凡夫を哀れんで、この国に往生浄土の真実の教えを開いて明らかにされ、選択本願の法を五濁の世にお広めになった。

（『教行信証（現代語版）』一五一頁）

一、法然聖人のご生涯

二十年の歳月

二〇一八年六月十八日、大阪府北部で地震が発生しました。私の住む大阪市内でも、大きな揺れを感じました。全国の知人から、すぐに安否を尋ねる連絡をいただきました。本堂で内陣の香炉が落ちて割れたことを伝えると、「怪我がなくて安心した」「灰の掃除が大変ですね」と温かい声を届けていただきました。

思い返せば、その二十三年前の一九九五年一月十七日、阪神・淡路大震災があり、その被害がきっかけで、当時六十歳過ぎであった父（住職）が本堂再建に奮い立ちました。その時と比べれば、被害はわずか、香炉が落ちた程度でしたが、内陣の床の半分ほどに灰が散っているのを見た父が、ぼう然として、「どないしたらいいか考えるだけで、しんどくなるなぁ」とつぶやきました。六十歳を過ぎたばかりの当時と、八十歳代半ば。

二十年ほどの歳月の長さを思わずにはいられませんでした。

また、同じ時代に生きていても、年齢の開きがあれば、感じ方や受けとめ方も違うのだろうと思います。同時に、相手の立場に立つことも、簡単なことではないなぁと痛感しました。

四十歳の年の差

いよいよ、七高僧の第七番目、源空聖人（法然聖人）です。

法然聖人は一一三三年、親鸞聖人は一一七三年のご誕生ですから、親鸞聖人と法然聖人は、四十年の年の開きがあります。また、法然聖人のご往生は一二一二年です。親鸞聖人が往生された弘長二年は西暦では一二六二年にあたり、五十年の開きです。法然聖人の八百回大遠忌法要と、親鸞聖人の七百五十回大遠忌法要は同じ年に勤められましたね。

本願寺第三代覚如上人は、親鸞聖人のご生涯を『御伝鈔』に記してくださっています。

その中、
弘長二歳《こうちょうにさい》　壬戌《みずのえいぬ》　仲冬《ちゅうとう》下旬《げじゅん》……第八日《だいはちにち》　午時《うまのとき》　頭北面西右脇《ずほくめんさいうきょう》に臥《ふ》したまひて、つひに念仏《ねんぶつ》の息《いき》たえをはりぬ。
（『註釈版聖典』一〇五九頁）

と記されています。仲冬とは、昔の暦の十一月です。また、下旬の第八日ですから二十八日に息絶えられたとあります。この弘長二年十一月二十八日を現在の暦になおすと、翌一二六三年一月十六日となり、この日を親鸞聖人のご往生の日と定め、西本願寺では御正忌報恩講が一月九日から勤まっています。

法然聖人と親鸞聖人

まずは、法然聖人のご生涯についてお話をしましょう。

法然聖人は、一一三三年に美作国《みまさかのくに》（今の岡山県）にお生まれになりました。九歳の時、父・漆間時国《うるまときくに》は夜討ちに遭い、不慮の死を遂げます。その死に際に、九歳の息子（法然聖人）に向かって、「相手を恨んではならない」「父の敵討ち（仇討ち）をしようとすると、恨み合いが際限なく繰り返すだけで、なんの解決にもならない」「恨み合いを超える道を求めなさい」と、いわば遺言のように語ったといわれています。

心中穏やかであるはずがありません。敵討ちを肯定するつもりはありませんが、敵討ちをするほうが容易であったかもしれません。けれども、幼い法然聖人は父の遺言に従い、仏道を歩み始められます。相当な決意であったと想像できます。

間もなく菩提寺（岡山県奈義町）に入ったのち、比叡山に上りました。初めに源光《げんこう》、ついで皇円《こうえん》に師事して天台の教学を学ばれ、十八歳の時、比叡山西塔・黒谷の叡空《えいくう》の門下に入り、これ以降、法然房源空と名のられました。

二十四歳の頃には、比叡山を離れ、京都嵯峨野にある清涼寺《せいりょうじ》の釈迦堂に参籠され、その後、南都（奈良）に向かわれ、仏教のさまざまな宗派について研鑽を重ねられました。

再び比叡山に戻られた法然聖人は、黒谷の経蔵にこもって、仏教書を読み続けられました。四十三歳の時に、善導大師の『観経四帖疏』にある次の文に出遇い、念仏の教えに帰すことになりました。

一心《しん》にもつぱら弥陀《みだ》の名号《みょうごう》を念《ねん》じて、行住坐臥《ぎょうじゅうざが》に時節《じせつ》の久近《くごん》を問《と》はず念々《ねんねん》に捨《す》てざるは、これを正定《しょうじょう》の業《ごう》と名《な》づく、かの仏《ぶつ》の願《がん》に順《じゅん》ずるがゆゑなり。

（『註釈版聖典（七祖篇）』四六三頁）

比叡山を下りた法然聖人は、念仏の教えを説いていかれました。法然聖人の語る言葉に多くの人が耳を傾け、感激しました。しかし、まとまった書物を記していなかった法然聖人に、九条兼実《くじょうかねざね》が、「ぜひ、念仏の教えを説いた書物を執筆してほしい」と願われました。九条兼実は、親鸞聖人の出家得度の際の師といわれる慈円慈鎮和尚《じえんじちんかしょう》の兄に当たります。九条兼実の請いに応じて、法然聖人が語りまとめられたのが『選択本願念仏集』（選択集）です。浄土宗という宗派の独立を宣言した書です。この書の成立は一一

九八年のことです。この書の最後には、

庶幾《こいねが》はくは一たび高覧《こうらん》を経《へ》て後《のち》に、壁《かべ》の底《そこ》に埋《うず》みて、窓《まど》の前《まえ》に遺《のこ》すことなかれ。おそらくは破法《はほう》の人《ひと》をして、悪道《あくどう》に堕《だ》せしめざらんがためなり。（『同』一二九二頁）

と記されています。この書物を読んで、批判する人が現れることを予見しておられたのでしょうか。正しく理解できずに批判する人が悪道に堕ちてしまわないように、この書を読む人を厳しく制限しておられました。

親鸞聖人が比叡山を下りられた後、法然聖人と出遇われるのが、二十九歳です。『選択集』が成立して三年ほど後です。さらにその四年ほど後には、法然聖人から『選択集』の書写を許されています。

禁断の書とも言える『選択集』を読むことを許されただけではなく、書き写すことを許された時の親鸞聖人の感激はどれほどだったでしょうか。

これほどに篤い信頼関係にあった法然聖人と親鸞聖人。法然聖人にとっては、四十歳の年齢の差は、全く取るに足りない差としか感じておられなかったのではないかと想像します。四十歳の年の差のある若者を頼もしく思っておられたのではないでしょうか。

けれども、親鸞聖人からすれば四十歳の年齢の差は、実際の年齢以上の差と感じておられたのではないでしょうか。親鸞聖人にとっては、二十年にもわたる比叡山での学問修行によって得られなかった答えを、やさしく、あたたかく語ってくれたお方が法然聖人です。親鸞聖人が法然聖人を敬慕する言葉を記しておきます。『歎異抄』第二条にあるご文です。

親鸞《しんらん》におきては、ただ念仏《ねんぶつ》して、弥陀《みだ》にたすけられまゐらすべしと、よきひと（法然）の仰《おお》せをかぶりて、信《しん》ずるほかに別《べつ》の子細《しさい》なきなり。

（『註釈版聖典』八三二頁）

二、親鸞聖人の「よきひと」

お仏壇のお掃除

月参りに寄せていただき、お仏壇の前に座ってお勤めを始めました。なんだかおかしいなぁ？　と思いながらお勤めをしていると、「アレ～!?」と気づきました。

お仏壇の中央のご本尊は阿弥陀さま、または六字名号ですね。その左右には、親鸞聖人と蓮如上人の絵像が掛けられていることがあります。また、九字のお名号と十字のお名号が掛けられている場合もあります。九字のお名号は「南無不可思議光如来」。「帰命尽十方無礙光如来」が十字のお名号ですね。

向かって右に十字名号、左に九字名号が掛けられているはずですが、逆になっていたので、「なんだかおかしいなぁ?」と感じたのです。

お勤めの後、「お仏壇、お掃除されましたか?」と尋ねると、ご門徒は、「はい！　やっぱり丁寧にお掃除をすると気持ちがいいですね」とおっしゃいました。しばらく話が弾んだ後、実は……と、お名号が逆になっていることをお伝えしました。

法然聖人からいただいた宝物

法然聖人のご生涯についてお話ししていました。

親鸞聖人は二十九歳で比叡山を下りられた後、法然聖人のご説法を聞きに通いつづけられました。その時には法然聖人の『選択集』が完成して三年ほどが経っていました。法然聖人のもとに聴聞に通い始めた四年後、親鸞聖人は、『選択集』の書写を許されました。この上ない喜びであったことは想像に難くありません。

それだけではなく、法然聖人の真影（絵像）をお借りして、それを写すことも許されました。約四カ月半ほどかかって、ようやく写し終えた後、真影をお返しにあがると、今度は、法然聖人自らが筆を取り、「南無阿弥陀仏」などの文字を書いてくださいました。その時の様子が『教行信証』の最後のあたり（「後序」と呼んでいます）に記されています。その時、法然聖人は七十三歳でした。

私は大学に勤めていますので、私の講義を受けている学生のノートをたまに見る機会があります。また、試験の答案などを見るときにも、たまに、私の似顔絵が描かれていることがあります。似顔絵をしばらく見つめながら、親しみを感じてくれているのかなぁなどと好意的に（自分に都合よく）感じることがあります。

親鸞聖人が法然聖人の真影を写されるのは、親しみの思いというよりもむしろ、尊崇《そんすう》の思いにあふれていただろうと思います。その法然聖人に書いていただいたご文は、大切な宝であったと思います。

よきひとの仰せ

親鸞聖人は、法然聖人からたくさんの宝のような言葉をいただきました。

親鸞《しんらん》におきては、ただ念仏《ねんぶつ》して、弥陀《みだ》にたすけられまゐらすべしと、よきひと（法然）の仰《おお》せをかぶりて、信《しん》ずるほかに別《べつ》の子細《しさい》なきなり。

（『註釈版聖典』八三二頁）

これは、前出の通り『歎異抄』第二条にあるご文です。『歎異抄』は親鸞聖人の晩年の言葉が、唯円房《ゆいえんぼう》によってまとめられた書です。『歎異抄』にあるこの言葉は、親鸞聖人が晩年におっしゃっていた言葉でしょう。『歎異抄（現代語版）』には「この親鸞においては、『ただ念仏して、阿弥陀仏に救われ往生させていただくのである』という法然聖人のお言葉をいただき、それを信じているだけで、他に何かがあるわけではありません」（六頁）と訳されています。

「よきひと」とは法然聖人ですね。

ではこの言葉を、親鸞聖人は、法然聖人からいつ聞かれたのでしょうか？

その時期を特定することはできませんが、親鸞聖人が二十九歳から三十五歳までの、わずか六年ほどの間であることは間違いありません。法然聖人と親鸞聖人、お二人がともに京都におられたのは、二十九歳の時から三十五歳の時だからです。

さまざまな事由・縁が重なり、親鸞聖人は、三十五歳の時に越後に赴くこととなります。その時、法然聖人は四国に向かって京都を離れられました。その後、法然聖人がご往生されたという報せを、越後の親鸞聖人が受け取られます。お二人の今生での別れは、親鸞聖人が三十五歳の時です。

六年ほどの期間に聞かれた言葉が、「ただ念仏して、弥陀にたすけられまゐらすべし」ということになります。晩年になっても、この言葉をいただくことがすべてだと、親鸞聖人は語っておられたということです。

また、「晩年」といっても、その時期を特定することはできませんが、『歎異抄』第二条が、聖人八十四歳の時の「善鸞義絶」(子息を絶縁)と関連していると考えられますので、その前後とすれば、約五十年ほど前に聞いた言葉について、五十年経っても、その言葉をいただくことがすべてだと語っておられたということです。

今生の別れの後、越後・東国を経て、京都に戻ってこられるまでの五十年間ずっと、この言葉を支えとして生きてこられたということができるでしょう。

私たちも、多くの先生や仲間に支えられて、なんとかかんとか生きています。まさに生かされている私たちです。

幸せの絶頂期に、傷つけられた言葉があるかもしれません。幸せの絶頂期に、注意を促してくれた言葉があったかもしれません。逆に、苦しみの最中に、追い打ちをかけるほどのきびしくつらい言葉を浴びせられたことがあったかもしれません。

苦しみの最中に、優しい言葉をかけられ、温かく包まれたこともあるかもしれません。終生、あの言葉をいただくことがすべてだ、と言いうる言葉と出遇えた親鸞聖人にとって、まさに法然聖人は「よきひと」です。

現代の私たちも、多くの出あいがあります。多くの出あい方があります。書物を通しての出あいもあれば、テレビやインターネットなどの映像を通して出あうこともあります。

親鸞聖人は、眼前にいる法然聖人の言葉を直に聞かれました。法然聖人の語る言葉に耳を傾けられた親鸞聖人、お二人のお姿が偲ばれます。

なかなか環境が常にととのうわけではありませんが、私たちも、直にお聴聞をすることの有り難さをかみしめたいものですね。

三、浄土の真実の教え

お仏壇のお仏飯

先に、お仏壇のご本尊のお話をさせていただきました。ここでは、お仏壇のお仏飯のお話から始めましょう。

あるご門徒から、「入院していますので、二カ月、月参りをお休みください」という電話があり、三カ月ぶりに寄せていただいた時のことです。玄関のチャイムを鳴らすと、すぐに応答がありました。けれども、玄関に来られるまでに少し時間がかかりました。怪我をされたから、ゆっくりなんだなぁと思いながら、待っていると、にこやかな笑顔で鍵を開けていただきました。一緒に仏間に向かいながら、怪我をされた時の様子をうかがいました。

長年通っている腰痛のリハビリを終え、バス停に向かって歩いていると、乗りたいバスがすでに来ていたので、小走りしようとした時、転んで、膝を強く打ったそうです。話しながら、私の視線を感じられたのでしょうか、「前歯も数本、折れてしまいまして……」とおっしゃるほど、強く転んでしまったようで、右膝の半月板損傷でした。

そんな話をうかがった後、お仏壇に向き、ろうそくに火をつけると、お仏飯が定位置よりも低い場所にあったので、高い位置に置き直しました。

「膝が痛くて、高い所には置きづらかったのかなぁ……。膝にしても、腰にしても、どこが痛くても大変だろうなぁ……」などと思っていました。お勤めが終わり、お茶を運んでこられましたが、お盆を持ちながらしゃがむのも大変ですから、私が立ち上がってお盆を受け取りました。お茶をいただきながら、寝起きがつらくて、お布団からベッドに変えたお話や、買い物帰りには荷物が重くて大変なことなどをうかがいました。そして、帰るときには、リビングの机の上にお茶のお盆を置いてから、お宅を後にしました。

原付バイクを走らせながら、「あっ、しまった！」と反省しました。

お茶をいただくときに心配りができたのはよかったのですが、お仏壇のお仏飯を下げるのを忘れていたことを思いだし、慌てて引き返しました。ご門徒は驚かれていましたが、感謝されました。

自分のやさしさを誇る気持ちは、思い上がった慢心です。自分のやさしさを誇るだけで、じゅうぶんに最後までお手伝いできなかったことを恥じながら、原付バイクを走らせてお寺に戻りました。

広く仏教を学ばれた法然聖人

法然聖人は、比叡山で天台を学ばれただけではありません。南都（奈良）で仏教のさまざまな宗派についても研鑽を重ねられました。「本師《ほんし》源空《げんくう》明《みょう》仏教《ぶっきょう》」のご文が示していることですね。

この「本師」というご文は、「高僧和讃」では龍樹菩薩、曇鸞大師、道綽禅師、源信和尚、法然聖人につけられていますが、正信偈では、曇鸞大師と法然聖人だけにつけられていますね。

さまざまな立場の仏教を学ばれた法然聖人が、すべての凡夫のために、阿弥陀仏の選択本願の教えを明らかにしてくださいました。この立場を親鸞聖人は「真宗」と表されています。

私たちが「真宗」というときは、浄土真宗本願寺派など、宗派の名前（宗名）の意味で用いています。

ちなみに、私たちの本願寺派を含め、真宗教団連合には真宗十派が加盟しています。真宗教団連合では毎年、法語カレンダーを作成しています。そのカレンダーにも掲載されている十派の名前とご本山を挙げてみましょう。

①浄土《じょうど》真宗《しんしゅう》本願寺《ほんがんじ》派《は》　（西）本願寺《ほんがんじ》
②真宗《しんしゅう》大谷《おおたに》派《は》　（東）本願寺《ほんがんじ》
③真宗《しんしゅう》高田《たかだ》派《は》　専修寺《せんじゅじ》
④真宗《しんしゅう》佛光寺《ぶっこうじ》派《は》　佛光寺《ぶっこうじ》
⑤真宗《しんしゅう》興正《こうしょう》派《は》　興正寺《こうしょうじ》
⑥真宗《しんしゅう》木辺《きべ》派《は》　錦織寺《きんしょくじ》
⑦真宗《しんしゅう》出雲路《いずもじ》派《は》　毫摂寺《ごうしょうじ》
⑧真宗《しんしゅう》誠照寺《じょうしょうじ》派《は》　誠照寺《じょうしょうじ》
⑨真宗《しんしゅう》三門徒《さんもんと》派《は》　専照寺《せんしょうじ》
⑩真宗《しんしゅう》山元《やまもと》派《は》　證誠寺《しょうじょうじ》

この十派の内、「浄土真宗」としているのは、本願寺派のみですね。他は、「浄土」の語はなく、真宗〇〇派となっています。

これら十派にはそれぞれに歴史があり、歴代宗主も異なります。たとえば、東西本願寺は、第十一代の顕如上人までは同じですが、第十二代は本願寺派では准如上人、大谷派では教如上人です。このように、歴代宗主は派によって異なりますが、初代はすべて共通して親鸞聖人です。浄土真宗（真宗）の開祖は親鸞聖人ということです。学校の試験で問われれば、このように解答しなければ正解をもらえません。けれども、親鸞聖人には、次のようなご和讃があります。

智慧光《ちえこう》のちからより
本師源空《ほんしげんくう》あらはれて
浄土真宗《じょうどしんしゅう》をひらきつつ
選択本願《せんじゃくほんがん》のべたまふ
（『註釈版聖典』五九五頁）

「高僧和讃」の一首です。法然聖人を讃えるご和讃です。本師源空（法然）聖人が浄土真宗を開いたとうたわれているのです。一一九八年に法然聖人が著された『選択本願念仏集』は、浄土宗という宗派の独立を宣言する書です。法然聖人は、浄土宗を開かれた方です。法然聖人ご自身も、当時の方々も、現代の私たちも浄土宗の開祖を尋ねられれば、「法然聖人！」と答えます。けれども、このご和讃では、「本師源空あらはれて　浄土真宗をひらきつつ」とうたわれているのです。

どのような事情でしょうか。

こたえは簡単ですね。親鸞聖人にとっては、若き日に聞いた「よきひと」法然聖人の言葉がすべてであるのです。この法然聖人の開かれた浄土宗という宗派とは別に、新たな宗派を開きたいという思いは微塵も持っておられなかったということです。

法然聖人が、五濁の悪世に生きる善悪の凡夫が等しく救われていく道を示してくださったと受けとめておられるのです。広く、深く、仏教を学ばれた法然聖人が示してくださった「浄土の真実の教え」が、親鸞聖人にとっての「真宗」なのですね。

法然聖人（2）

還《げん》来《らい》生《しょう》死《じ》輪《りん》転《でん》家《げ》　決《けっ》以《ち》疑《ぎ》情《じょう》為《い》所《しょ》止《し》
速《そく》入《にゅう》寂《じゃく》静《じょう》無《む》為《い》楽《らく》　必《ひっ》以《ち》信《しん》心《じん》為《い》能《のう》入《にゅう》

【書き下し】
生死《しょうじ》輪転《りんでん》の家《いえ》に還来《かえ》ることは、決《けっ》するに疑情《ぎじょう》をもつて所止《しょし》とす。
すみやかに寂静《じゃくじょう》無為《むい》の楽《みやこ》に入《い》ることは、かならず信心《しんじん》をもつて能入《のうにゅう》とすといへり。
（『註釈版聖典』二〇七頁）

【現代語訳】
「迷いの世界に輪廻し続けるのは、本願を疑いはからうからである。
速やかにさとりの世界に入るには、ただ本願を信じるより他はない」と述べられ

（『教行信証（現代語版）』一五一頁）

た。

一、往くこと、還ること

台風二十一号

だんだんと年月が過ぎるのが早く感じるようになってきました。年末が近づくと、一年を振り返ることがたびたびあります。二〇一八年は、酷暑に続いて、台風が私の住む大阪を直撃しました。ご門徒のお宅へお参りすると、もっぱら台風の被害や、台風の怖さ、台風への備えについて、いろいろと話を聞かせていただきました。

あるご門徒は、「これまでは台風が来るという進路予想でも、大阪をそれていたので、『たまには大阪に来てもええんやけどね』という軽い気持ちでいたけれど、こんな怖いのは、もう来てほしくないですね。大阪に来てもいいって思ってましたが、怖いもの知らずの考えでした」と、しみじみ語っておられました。直接の被害はなかったのですが、地震かと思うほど家が揺れて、ひどく恐怖を感じられたご様子でした。

また別のご門徒は、近隣の住宅から瓦が飛んできて、家が損傷したということでした。日頃は親しく話しておられる隣近所のようですが、いざ自宅に被害が及ぶと、悠長なことを言っていられなかったのでしょうか。修理代を請求したと言われました。

似たようなケースですが、全く異なる話もうかがうことができました。

近隣の家の壁や屋根が崩れたために、駐車していた車が大破してしまったとのこと。業務用の特殊車輌のために数百万円の損害だそうです。どの家から損害を受けたのかは明らかですが、「むか～しからの付き合いもあるその家に文句を言うわけにもいかないし、すぐに仕事で使う車やから、新車やと納車に時間がかかるので、中古車の手配をした」というのです。何というか、やさしい方やなぁと思いながら話を聞いていると、さらに驚きました。

「屋根が飛んでいったから困ってるやろうし、ちょうどウチにしばらく来てくれている大工さんに、その応急処置を先にしてもらいました」

意外な、というと失礼ですが、こんなに深い思いやりのある方だとはじめて知り、なんとも言えない温かな気持ちでお宅を失礼しました。

往還ということ

私たちは、自分の置かれている立場や状況によって、考え方や発する言葉がいろいろと変わってしまいます。

余裕のある時は、優しい気持ちで優しく人に接することができます。

けれども、余裕がなくなった時には、優しく接するべきなのに、優しくできないことがあります。優しくしようと思いながら、ついロをついて出てくる言葉は厳しく険しい言葉であることがあります。

生死輪転家《しょうじりんでんげ》とは、このような私たちの状況を示している言葉です。冒頭の現代語訳では、「迷いの世界」と表現されています。この迷いの世界に、還来すると言われています。

「還」とは、正信偈に二回使われている文字です。

一つは、「往還回向由他力《おうげんねこうゆたりき》」です。もう一つが、「還来生死輪転家《げんらいしょうじりんでんげ》」です。同じ「還」という字が使われていても、ご文の文脈は大きく異なりますね。

一つ目の文は、曇鸞大師を讃嘆するところのご文です。往還とは、往相《おうそう》と還相です。往相とは、この私たちの世界（娑婆世界・穢土）から、阿弥陀さまのお浄土に往生するということです。お浄土に往生すれば、すぐに、そのまま、仏さまにならせていただくことができます。仏さまにならせていただくと、お浄土にのんびりと静かにしているわけではなく、お浄土から再び、この娑婆世界・穢土に還ってきます。これが還相です。

阿弥陀さまのお浄土で仏さまになり、すぐさま、この娑婆世界に還ってくるのです。さとりを開かれた存在として還ってくるのですから、私たち衆生を導くために還ってきてくださっているということです。

私たちが仏縁に出あうきっかけはさまざまです。仕事や勉強に精を出しますが、それでも自身の思うようにならない時に、もどかしさや苦しさ、いらだちや嫉妬などの感情が湧き起こります。また、大切な人との離別を通して、仏さまの大悲に触れるきっかけが生じることもあるでしょう。

先日、次のような歌を紹介していただきました。

ものいわずなりにし妻の髪撫でて
いたはりながら枕経よむ

枕経よみつつ名残つきせざり
香の煙のもつれもつれて

わが家にむかふる妻の笑顔みえず
わが世わびしくおはりなんとす

私たちにとって、親しい方・大切な方との死別は、悲しくつらい別れです。けれども、つらい別れの中に、またつらい別れを通して、阿弥陀さまのお心に触れていく世界があります。この世界を紡ぎ出してくれている方が、還相であるということができるでしょう。

親しい方との死別を縁として、はじめて本気でお聴聞することができたお方もおられるのではないでしょうか。故人が、娑婆に残る私たちのために、紡ぎ出してくれる世界が、還相のはたらきです。年回法要も含め、日々の仏事をこのように受けとめ、阿弥陀さまのお心を聞かせていただくことが肝要です。

還来生死輪転家

「還」の字が用いられているもう一つが、「還来生死輪転家」です。

「還来」ですから、還り来るということです。生死輪転家とは、先にも述べた通り、「迷いの世界」です。迷いの世界に還り来るということは、一見、還相のことのように思えるかもしれません。けれども、還相と還来生死輪転家とは、似て非なるものです。全く別物です。冒頭の現代語訳には、「迷いの世界に輪廻し続ける」と表現されています。迷い続けるということです。

還相とは、娑婆を離れ、仏さまのさとりの世界に生まれ、そして再び、娑婆に還ってくることです。娑婆に生きる者に仏縁を紡ぐはたらきを担う存在です。娑婆に生きる者に仏縁を紡ぐことを喜びとしておられる存在です。

還来生死輪転家とは、死して娑婆を離れても、再び娑婆の世界に還ってくることです。娑婆に還って、再び苦しみの毎日を過ごさねばならない存在です。

本願を疑う者は、生死輪転家に還来し、本願を信じる者は、さとりの世界（寂静無為の楽）に入ると示されています。次に、「疑い」と「信じる」ことについてお話しいたしましょう。

二、ただ阿弥陀さまとともに

お仏壇のお給仕が難しくなりました

今年で九十三歳になる女性が、独りで暮らしておられるお宅に寄せていただきました。ご主人に先立たれ、頼りにしていた一人息子さんにも、三十年ほど前に先立たれました。二年ほど前から、ヘルパーさんが週に一回来られています。お参りの時にヘルパーさんがおられることがあります。以前は、ご自分で買い物に行っておられましたが、最近は重たいものの買い物やお風呂場などの掃除をヘルパーさんに頼んでおられます。

「買い物だけですか？」と尋ねると、「台所には今も自分で立ってますよ。ヘルパーさんから、お料理もしますよって言ってもらうけど、今のところは自分の好きなように料理をしてます。もっと体調が悪くなったらお願いします、とこたえてるんです」とのことでした。

ところが最近、お茶を入れていただく時にも、ずいぶんと背中がまぁるくなってきました。立ったり座ったりする時の動作も、ゆっくりになってきました。独り暮らしの上に、買い物にも出られなくなり、誰とも話をすることが少なくなったせいでしょうか、私が寄せていただくと、楽しそうにお話をされるので、「そうですね」「そうなんですね」と聞かせていただきます。

ある日のことです。話している途中に急に黙り込み、しばらくすると寂しそうにポツリと、「ウチの◯◯ちゃん、大丈夫でしょうか？」と、亡くなった息子さんのことを口にされました。

いきなりどうされたのかなぁと思いながら、お話をうかがうと、お仏壇のお給仕がだんだん難しくなってきたというのです。「三十三回忌のご法事までは……」と、息子さんを思って頑張ってお給仕を続けてやりたいとのことでした。生前は、ボーナスの支給日には一度も手を付けることなく、まっすぐに家に帰ってこられたそうです。それほど仲のよかった息子さんを思う母の、優しい思いやりに満ちた尊い心に触れることができました。

阿弥陀さまのお仏壇

息子さんを思うお母さんのお気持ちは、痛いほどよくわかります。だからこそかえって、お伝えしなければと思い、お話をさせていただきました。

私たちのお仏壇は、阿弥陀さまのお仏壇だということです。阿弥陀さまのお浄土に往生させていただく私たちは、阿弥陀さまを思いながら、お念仏を称えます。阿弥陀さまのお浄土に往生させていただくのに、他の仏さまのお名前を称えるわけにはいきませんね。

少し話はそれますが、法然聖人が「ひとえに唯一の師と仰ぎます」と語られた善導大師は、阿弥陀仏の浄土に生まれるには、雑行ではなく正行を行うべきであると示されました。正行と雑行の分かれ目は、阿弥陀さまに関わるかどうかです。阿弥陀さまについて直接書かれたお書物、例えば「浄土三部経」などを読むことは正行ですが、直接阿弥陀さまのことが書かれていない経典を読んでも、正行にはなりません。『般若心経』などがそうですね。

阿弥陀さまの前で、阿弥陀さまに向かって、合掌礼拝し、お念仏を称えることは正行ということができますが、阿弥陀さま以外の仏さまに合掌礼拝したり、阿弥陀さま以外の仏さまのお名前を称えても、正行にはなりませんね。

「なもあみだぶつ」「なんまんだぶ」と、お念仏を称えながらお仏壇のお給仕をするのですね。息子さんを仏さまにしてくださった阿弥陀さまのことを思いながら、お給仕をさせていただくことが大切だと思います。先立たれた息子さんが仏さまになられたことを通して、今、ここにいる私（たち）も仏さまにならせていただけることを聞かせていただくことが大切です。これが阿弥陀さまのご本願です。

阿弥陀さまが一〇〇パーセント

阿弥陀さまのご本願は、「私たちが何かをやり遂げたら救うぞ」という条件のようなことはおっしゃいません。

九十三歳のご門徒は、これまで息子さんのことを思って一生懸命にお給仕を続けてこられました。けれども、身体が少しずつ思うように動かなくなると、息子さんのためにできることが、徐々に減ってきます。一生懸命にお給仕ができなくなってきたことを心配しておられるのです。

阿弥陀さまの救いを疑う気持ちなど、これっぽっちもなかったはずです。息子さんのことを思って長年、お給仕をされてきたのですが、だんだんお給仕ができなくなると、どんどんと阿弥陀さまに見放されると感じられたのでしょうか。

けれども、阿弥陀さまの救いは、本願力（他力）が一〇〇パーセントです。九〇パーセントが他力で、一〇パーセントが自力ということはあり得ません。一パーセントだけでも、自力で息子のために私が役立ちたいという気持ちもわからないではありません。けれども、阿弥陀さまの他力（本願力）は、一〇〇パーセントなのです。

厳しく聞こえたかもしれませんが、一パーセントでも役立ちたいという気持ちは、

「阿弥陀さまが一〇〇パーセント」ということを疑っていることになります。

「決以疑情為所止《けっちぎじょういしょし》」の「疑情」がこれです。

私（たち）のすることは、救いには全く役に立ちません。ゼロパーセントです。「役に立ちません、ゼロパーセントです」と言うと厳しく、悲しく感じてしまいますが、私たちが何かをする必要がないのです。

私（たち）が阿弥陀さまのお浄土に往生させていただくために、何も自分ですることはありません。自分でできることはありません。何もできない私（たち）だからこそ、こんな私たちを救う、一〇〇パーセント私が救うとよび続けてくださっている仏さまが阿弥陀さまです。

一〇〇パーセントのうちの数パーセントでも私が頑張ろうという気持ちは、阿弥陀さまの本願を疑うことです。これが「疑情」です。阿弥陀さまの本願を疑う人は、再び、この迷いの世界・苦しみの世界に戻って来なければなりません。「還来生死輪転家」（生死輪転の家に還来る）です。

けれども、阿弥陀さまの救いは、阿弥陀さまのおはたらきが一〇〇パーセントだと本願を信じることができる人は、さとりの世界に入ると示されているのです。「速入寂静無為楽」（速やかにさとりの世界に入る）です。

体の状態が厳しくても息子さんを思うお母さんの気持ちは尊いのですが、それさえも「疑う」ことになってしまうことの厳しさには、あぜんとしてしまいますが、それは阿弥陀さまが一〇〇パーセントであることの裏返しであることを、ありがたく感じさせていただきたいですね。

結び

弘《ぐ》経《きょう》大《だい》士《じ》宗《しゅ》師《し》等《とう》　拯《じょう》済《さい》無《む》辺《へん》極《ごく》濁《じょく》悪《あく》
道《どう》俗《ぞく》時《じ》衆《しゅ》共《ぐ》同《どう》心《しん》　唯《ゆい》可《か》信《しん》斯《し》高《こう》僧《そう》説《せつ》
六《ろく》十《じゅう》行《ぎょう》已《い》畢《ひつ》　一《いっ》百《ぴゃく》二《に》十《じゅっ》句《く》

【書き下し】

弘経《ぐきょう》の大士《だいじ》・宗師等《しゅうしとう》、無辺《むへん》の極濁悪《ごくじょくあく》を拯済《じょうさい》したまふ。
道俗時衆《どうぞくじしゅ》ともに同心《どうしん》に、ただこの高僧《こうそう》の説《せつ》を信《しん》ずべしと。
六十行《ろくじゅうぎょう》すでに畢《おわ》りぬ。一百二十句《いっぴゃくにじゅっく》なり。

（『註釈版聖典』二〇七頁）

【現代語訳】

浄土の教えを広めてくださった祖師方は、数限りない五濁の世の衆生をみなお導きになる。

出家のものも在家のものも今の世の人々はみなともに、ただこの高僧方の教えを仰いで信じるがよい。

以上、六十行百二十句の偈を終る。

(『教行信証(現代語版)』一五二頁)

一、私のために

寝ている間に足を拭いてくれる

八十代のご両親と五十代の息子さんが同居していたご家庭でうかがったお話です。「同居していた」と過去形にしたのは、お父さんが亡くなられて、今はお母さんと息子さんのお二人でお住まいだからです。

毎月寄せていただいても、息子さんに会えることはほとんどなく、朝早くから仕事に出られているようです。

ある時、お母さんに尋ねてみました。

「朝早くても、やっぱり一緒に起きて、ご飯も一緒に召し上がるんですか？」

すると、お母さんは「起きなくていいって言うから私は起きないんですけど、自分の朝ご飯とお弁当の用意だけでも大変なのに、私の足まで拭いていってくれるんです」と情けなさそうに、でもうれしそうなお顔で話してくれました。

よく聞くと、お母さんは足腰が不自由だから、一人でお風呂に入ることができないため、週に三日、デイサービスに行って、お風呂に入れてもらうそうです。それ以外の日は、お風呂には入れないから、息子さんが朝、お母さんのお布団をめくり、足首から下を暖かいタオルで拭いてくれるんだそうです。お父さんが健在だった時は、お父さんが毎日してくれていたそうですが、元気だったお父さんが急逝されたので、それを見ていた（聞いていた）息子さんが、頼まれたわけではないのですが、足を拭いてくれるんだと話していただきました。

息子さんは冷凍食品の運送のお仕事をされており、冷凍庫の中で作業をする時間が長く、ご自身も足腰が痛いのにもかかわらず、お母さんに対して、それほどの優しさで接しておられるのです。

息子さんの優しさに感動して、涙でお母さんの顔がにじんできました。

振り返ると、わが身が恥ずかしくなりました。年老いた両親の足を拭いてあげたこともありませんし、食事の際にむせてる様子を見ても、背中をさすってあげることもほとんどありません。悪い息子です。

そんなわが身を振り返りながら、私が考えていたことは、さらに恐ろしいことでした。

「いい話を聞いて涙を浮かべている私を見て、このご門徒は、私のことを、素直で、心の優しい人だと思ってくれるかなぁ」

なんと恐ろしい心でしょうか。

自分の親を大事にできていない恥ずかしい息子であるだけでなく、それを隠して、優しい自分をアピールしたいという心に気づいた時、愕然《がくぜん》としました。恐ろしい私です。

臨終勤行でこびへつらう心

臨終勤行に寄せていただいた時にも、同じような想いを抱いてしまったことがあります。

幼い頃から私のことを、「こうちゃん、こうちゃん」と親しく呼んでくれたご門徒のおばさんがいらっしゃいました。私が高校一年生の時にお得度を受けてからは、「若さん」と呼んでいただき、最近は「先生」と呼んでくださっていました。その方が亡くなられたのです。

大好きなご門徒の往生に接し、昔からの出来事を懐かしく思い出したり、今生ではもはや会えないことを心の底からさみしく感じたりして、ご遺族とともに涙を流しました。けれど、そんな時にも、「遺族と一緒に泣くことのできる優しい私」が、ご門徒にどのように映っているかが気になることがあります。

こびへつらう必要もないのに、こびへつらう心です。

ほんとうに、恥ずかしく、恐ろしく、また愚かな心ですね。

弘経の大士・宗師等

いよいよ、正信偈も最後の段落です。

「弘経の大士・宗師等」とは、浄土の教えを広めてくださった祖師方です。インド・中国・日本にわたって、親鸞聖人が仰がれた七高僧ですね。

正信偈は、大きく前半部分と後半部分とに分けることができます。前半が依経段、後半が依釈段です。七高僧の言葉（釈）に依って記された段が依釈段です。弘経の大士・宗師等は七高僧を指しますから、最後のこの段落は、依釈段の結びということができます。

現代語訳では、祖師方が衆生を「救う」とは書かれていません。祖師方がみな「お導きになる」と書かれています。祖師方はみな、『仏説無量寿経』に説かれている阿弥陀仏の本願を受けとめられたお方です。祖師方が阿弥陀仏の本願を勧め、本願に導くことを記すこの最後の段落は、依釈段のまとめ（結び）というだけではなく、依経段を含めた正信偈全体のまとめ（結び）ということもできるでしょう。

無辺の極濁悪

「無辺極濁悪《むへんごくじょくあく》」とは、「数限りない五濁の世の衆生をみな」と現代語に訳されています。「濁悪」は、私たちを指すことはいうまでもありません。恐ろしく、また愚かな心を持つのが、私たちです。では、私たちの中で、極濁悪（濁悪の極まった者）とは誰のことでしょうか。

私の周りに多くの濁悪がいるかもしれません。けれども、その中で「極」は、私ですね。

すべての人が、「自身こそ極濁悪」という想いを持つことが、正信偈の最後に記されているのです。一人ひとりが、「自身こそ極濁悪」という想いを持つことができれば、むやみに、互いの揚げ足を取ることも少なくなっていくでしょう。

七高僧は、このような恐ろしく愚かな心を持つ私たちをもらさず、導いてくださいます。「無辺」とは、私たちを一人残さず全員ということでしょう。現代語訳の「みな」がそれを表しています。

と同時に、「無辺」とは、私自身のことと受けとめたいと思います。

私の濁悪の心は、どこまでも際限なく、果てしなく無辺に広がっています。この私の極濁悪を、どこまでもどこまでも救い続け、決して離さないお心が、阿弥陀さまの本願です。正信偈の始めのあたりで、十二の光（十二光）として、阿弥陀さまが讃えられていました。その中に、「普《ふ》放《ほう》無量《むりょう》無《む》辺《へん》光《こう》」とあります。無辺光とは、無辺に広がる私の極濁悪を、無辺に照らし続ける阿弥陀さまの光のことです。

恥ずかしく恐ろしいこの私のための、尊いご本願を聞き続け、お聴聞にいそしみましょう。

二、ともに同じ心で

最寄り駅のエレベーター

自宅の最寄り駅には、改札を入るとすぐ近くにエレベーターがあります。私が改札を入ると、口論をしている声が聞こえました。ベビーカーを押しながら赤ちゃんを抱っこした女性と、杖をついた八十代くらいの男性との口論でした。女性がエレベーターから降りたところで、男性はエレベーターに乗ろうとしていたところだったようです。

杖をつきながら歩く男性は、足元がおぼつかないために、うつむいて足元を見ながら歩いていたのでしょうか、赤ちゃんを抱いた女性とぶつかりそうになったようです。男性は謝っているのに、女性の怒りは鎮まらず、男性に向かって「死にぞこない」などと、聞くに堪えない罵詈雑言《ばりぞうごん》を吐いて去って行きました。

女性が怒り心頭に発したのは、ぶつかりそうになったからだけではなかったかもしれません。エレベーターに乗る前、電車の中で嫌なことがあったのかもしれません。ベビーカーがあるのに赤ちゃんを抱っこしていたのは、赤ちゃんが眠らずにグズっていたのかもしれません。社会的には、両者とも弱者でしょう。電車では両者とも、席を譲ってもらえる立場の方です。もし男性が謝らずに、女性を責める言葉を口にしていたら、口論はもっとエスカレートしていたかもしれません。男性と同年配の女性が、「こわいですねぇ。赤ちゃんが無事に育ってくれるといいですけどね」と男性に声をかけると、男性もニコッとしながら「ホンマやねぇ」と穏やかに返しておられました。

何もできずにいた自分を情けなく思いながら、お二人のやり取りに心が温かくなりました。ふと、尊敬する先生の言葉を思い出しました。

夫婦ゲンカをした時
どちらが先にゴメンよというか
真宗信心の深さがここに知れる

夫婦ゲンカだけでなく、日常のさまざまな場面、さまざまな人間関係にも当てはまる言葉ではないでしょうか。どちらかが先に「ゴメンよ」と言うことができれば、ぶつかり合うことも少なくなるでしょう。互いに「ゴメンよ」と言うことができれば、穏やかに過ごすことができそうですね。

『仏説無量寿経』にある次の言葉も併せてご紹介させていただきます。

父子《ぶし》・兄弟《きょうだい》・夫婦《ふうふ》・家室《けしつ》・中外《ちゅうげ》の親属《しんぞく》、まさにあひ敬愛《きょうあい》してあひ憎嫉《ぞうしつ》することなかるべし。

（『註釈版聖典』五五頁）

親子・兄弟・夫婦などの家族や親類縁者など、互いに敬い親しみあって、憎しみねたんではならない。

（『浄土三部経（現代語版）』九八頁）

ということです。自分の正しさを主張すると衝突してしまいますが、自分の過ちをありのままに知ることができれば、「ゴメンよ」と言うことができます。「あひ」とは互いにということでしょう。互いに憎み合うことなく、互いに敬い合える穏やかな関係を目指したいですね。

道俗時衆

「道俗時衆《どうぞくじしゅ》」という語は、冒頭の現代語訳では、「出家のものも在家のものも今の世の人々はみな」と表現されています。この語は、善導大師の『観経四帖疏』というお聖教の冒頭にもある言葉です。浄土真宗の通夜・葬儀の一連のお勤めの中、出棺勤行で読まれる「帰三宝偈《きさんぼうげ》」が、『観経四帖疏』の冒頭にある偈文です。「帰三宝偈」は十四行で書かれているので、十四行偈とも呼ばれます。この偈文の初めの句が「道俗時衆等」です。

道俗について、親鸞聖人は『尊号真像銘文』に、

「道俗《どうぞく》」は、道《どう》にふたりあり俗《ぞく》にふたりあり。道《どう》のふたりは、一《ひと》つには僧《そう》、二《ふた》つには

比丘尼《びくに》なり。俗《ぞく》にふたり、一《ひと》つには仏法《ぶっぽう》を信《しん》じ行《ぎょう》ずる男《おとこ》なり、二《ふた》つには仏法《ぶっぽう》を信《しん》じ行《ぎょう》ずる女《おんな》なり。（『註釈版聖典』六六三頁）

と説明されています。

道俗の道とは、僧侶です。俗とは、門信徒です。道俗とは、浄土真宗に関わる者ということです。また、時衆とは、その時、その場にいる者ということです。出棺勤行で読まれる「帰三宝偈」の初めに道俗時衆等と読まれるのは、この場に集う者はみなということです。僧侶も門信徒もみなということです。

私は、日頃、真宗学科という学科の学生さんとともに学んでいます。全国の浄土真宗の寺院から学びに来てくれています。毎年、入学して間もない頃に、自己紹介をしてもらいます。その時に、寺院出身の学生は「寺っ子です」と自己紹介をしてくれます。一方、寺院出身でない学生は「寺っ子ではありません」と、少し肩身の狭そうな自己紹介をしてくれます。

けれども、浄土真宗のみ教えを学ぶ時、「寺っ子」だとかそうでないとかは、それほど違いはないはずです。善導大師も親鸞聖人も「道俗時衆」とおっしゃるのですから、ともに同じ心（共同心）で学んでいきたいと思います。

三、「わたしの正信偈」

カレンダーの印

お仏壇の近くにカレンダーが掛けてあるお宅があります。真宗教団連合の「法語カレンダー」であったり、お孫さんのかわいらしい写真を用いたオリジナルのカレンダーであったり、あたたかな法語の書かれたカレンダーであったり、さまざまです。

カレンダーにもよりますが、その日の用事を書き込めるようになっているカレンダーには、目立つようにいろんなことが記されています。「内科」「眼科」「整形」など、病院に行く用事が書かれていたり、デイサービスに行く曜日、ヘルパーさんが来てくれる曜日など、一カ月の予定がひと目でパッとわかるようになっています。

あまり用事を書くスペースのないカレンダーでは、いろんな色で◯印を付けておられるお宅もあります。私が寄せていただく日が◯印で書かれていればよいのですが、×印のお宅もあります。他意はないんだろうと思いますが、◯の方がなんとなくうれしいですね。

あるお宅に寄せていただくと、以前は◯印が一つだったのですが、最近は◯が七つに増えました。病院が増えたんだったら体調が悪くなってきたのかなぁ？　楽しい外出の機会が増えたんだったらいいのになぁ……などと思っていると、神妙な顔で、「ご相談があるんですが……」と切り出され、幼い頃からの事情を聞かせていただきました。

その方は、ご両親の三男として生まれて間もない頃、父親の弟さんの家に養子に出されたそうです。ですから、生みの親と育ての親と四人の親がいらっしゃるそうです。連れ合いのご両親も合わせれば六人になります。

今は、連れ合いの方が亡くなられて、私はそのご命日に寄せていただいているので、カレンダーの一つの○はその日ですが、それ以外もすべて親のご命日でした。相談とは、七つのご命日のすべてにお参りに来ていただかなければならないですか、というご質問でした。六人の方が亡くなったのは最近ではありませんが、最近、急に気になりだしたそうです。

理想としては、七日とも寄せていただくことができればよいのですが、私にもその余裕がありませんので、次のようにお答えさせていただきました。

「亡くなった方のご命日に寄せていただくのは、亡くなった方のために読経をしているのではないんですよ。

亡くなった方に成仏してもらうために読経をするんだったら、七日ともお勤めをしなければならないともいえますが、私たちが読経をするから成仏させられるわけではないんですよ。

僧侶である私が読経をするから故人の追善供養になっているわけではないのです。故人を成仏させるのは、阿弥陀さまのおはたらきですよ」

などとお話ししました。そして、亡くなった方のご縁を通して、私たちが阿弥陀さまの願いに触れさせていただくご縁として、これまで通り、亡くなった奥さまのご命日に寄せていただくこととなりました。

共同心

親鸞聖人は、一行に二句を記され、それを六十行にわたって正信偈を書かれました。『仏説無量寿経』のお釈迦さまの言葉や、七高僧のお言葉を通して、阿弥陀さまの心に触れていかれた親鸞聖人が、一字一句をもおろそかにされずに、正信偈を精魂込めて記されました。

その最後に、「道俗時衆共同心《どうぞくじしゅぐどうしん》　唯可信斯高僧説《ゆいかしんしこうそうせつ》」とあります。「道俗時衆ともに同心に、ただこの高僧の説を信ずべし」と記し、正信偈を書き終えられます。

「道俗」という言葉を親鸞聖人は、何度か用いておられます。その中に、次のご文があります。

欣求浄刹《ごんぐじょうせつ》の道俗《どうぞく》、深《ふか》く信不具足《しんふぐそく》の金言《きんげん》を了知《りょうち》し、永《なが》く聞不具足《もんふぐそく》の邪心《じゃしん》を離《はな》るべきなり。

（『註釈版聖典』二四六頁）

浄土往生を願う出家のものも在家のものも、信には完全な信と完全でない信とがあるという釈尊の仰せの意味を深く知り、如来の教えを十分に聞き分けることのないよこしまな心を永久に離れなければならない。

（『教行信証（現代語版）』二二四頁）

私たちが仏さまにならせていただく道には、出家の者とか在家の者とか、そのような違いや区別は全くないということです。阿弥陀さまが私たちに寄り添ってくださるとき、お坊さんとお坊さんでない方とを全く区別なさらずに、全く同じように寄り添ってくださっています。お坊さんもご門徒も、その阿弥陀さまのお心をその通りに聞かせていただくことが、共同心《ぐどうしん》（ともに同じ心）ということです。

読者のみなさんは正信偈を読まれるときに、どなたかが隣りにいてくれることもあるでしょう。でも、もし一人で正信偈を読んでいるとしても、日本中に、世界中に、正信偈を読んでおられる仲間が必ずいます。正信偈の「共同心」を読みながら、親鸞聖人が信じられたのと同じように、ともに同じ心で、『仏説無量寿経』や七高僧のお言葉を聞き、信じていきたいですね。

出遇い

私たちはどうしても、自分を基準にして、自分と同じ立場の人とそうでない人を区別してしまいがちです。自分に近いところにいる人は、自分を応援してくれる善い人だと考えます。逆に、自分から遠く離れたところにいる人は、応援してくれるのかどうなのか見分けのつかない人で、そんな人は自分に都合の悪い人だとして、遠ざけてしまいがちです。

けれども、自分にとって都合の悪いことを言ってくれる人は、煙たい存在かもしれませんが、実はその人が自分にとって大切な人であると思います。自分が悩んでいるときに、指針を示してくれる人は、かけがえのない大切な人です。

親鸞聖人にとっては、直接の師である法然聖人が、まさにそのようなお方であったと思います。

ともに同じ心で歩んでくれる友と、お聴聞の道を歩ませていただきましょう。

「わたしの正信偈」を通して、私の身のまわりの出来事から、正信偈のご文を私なりに味わわせていただきました。

読者のみなさまも、それぞれの「わたしの正信偈」を味わっていただきたく思います。

これからも、一緒に正信偈をお勤めさせていただきましょう。

「わたしの正信偈」にお付き合いいただき、ありがとうございました。

【著者紹介】
玉木　興慈（たまき　こうじ）
1969年、大阪府に生まれる。1988年、甲陽学院卒業。1992年、京都大学文学部卒業。1997年、龍谷大学大学院文学研究科真宗学専攻博士後期課程単位取得依願退学。
龍谷大学非常勤講師、大谷女子大学（現・大阪大谷大学）非常勤講師、中央仏教学院（学校教育部、通信教育部）講師、龍谷大学専任講師、同准教授を経て、現在、龍谷大学教授、大阪市此花区淨興寺住職。

【著　書】
『教行信証に問う』（岡亮二編、永田文昌堂、2001年）
『歎異抄のことば』（本願寺出版社、2015年）
『浄土思想の成立と展開』（大田利生編、永田文昌堂、2017年）
『親鸞と浄土仏教の基礎的研究』（川添泰信編、永田文昌堂、2017年）
『国際社会と日本仏教』（楠淳證・中西直樹・嵩満也編、丸善出版、2020年）
ほか、論文多数。

わたしの正信偈
七高僧の道のり

2023年３月１日　初版第１刷発行
2023年11月１日　　　　第２刷発行

著　者　玉木　興慈
発　行　本願寺出版社
〒600-8501 京都市下京区堀川通花屋町下ル
浄土真宗本願寺派（西本願寺）
TEL. 075(371)4171　FAX. 075(341)7753
https://hongwanji-shuppan.com/

印　刷　大村印刷株式会社

ISBN978-4-86696-037-1
MO02-SH2-①11-32